Rudolf Reicke

**Aus Kants Briefwechsel**

Rudolf Reicke

**Aus Kants Briefwechsel**

ISBN/EAN: 9783743492318

Hergestellt in Europa, USA, Kanada, Australien, Japan

Cover: Foto ©ninafisch / pixelio.de

Weitere Bücher finden Sie auf **www.hansebooks.com**

Aus
# Kant's Briefwechsel.

Vortrag,

gehalten an Kant's Geburtstag den 22. April 1885

in der

Kant-Gesellschaft zu Königsberg

von

## Rudolf Reicke.

Mit einem Anhang

enthaltend

Briefe von Jac. Sigism. Beck an Kant und von Kant an Beck.

Königsberg in Pr.
Ferd. Beyer's Buchhandlung.
1885.

Vor achtzig Jahren, gegen Ende des Jahres 1805, brachten die Zeitungen (z. B. die Königsb. Hartung'sche vom 7. Dec. 1805 No. 192) folgende

„Aufforderung
an die Correspondenten des verstorbenen
Professors Immanuel Kant.

In der Ueberzeugung, daß die öffentliche Herausgabe einer Briefsammlung Kants theils zur vertrauteren Bekanntschaft mit dem Geiste und Charakter des unsterblichen Mannes selbst, theils zur genaueren Kenntniß der in den Annalen der Philosophischen Geschichte ewig denkwürdigen, von Ihm, dem größten und originellsten, dem thätigsten und fruchtbarsten Denker unserer Zeit, herbeigeführten Epoche der philosophischen Vernunft ein wichtiger und interessanter Beitrag sein müsse, bin ich willens, eine solche Briefsammlung herauszugeben. Ich befinde mich im Besitz der zahlreichen Sammlung von Briefen, die von verschiedenen Gelehrten an Kant geschrieben worden; aber Copien von Kants Briefen selbst sind nicht vorhanden. An die Realisirung meines Vorsatzes kann ich daher nicht eher denken, als bis ich durch die Güte derjenigen Gelehrten, welche von dem verewigten Weisen Originalbriefe in Händen haben, in den Besitz derselben werde gesetzt worden sein.

Zu diesem Behuf erlaube ich mir hiermit eine öffentliche Aufforderung an die gedachten Gelehrten zur Auslieferung dieser Briefe an mich und bitte, mir dieselben durch den Buchhändler Herrn Nicolovius in Königsberg, welcher den Verlag des Werks übernommen, gütigst zu übersenden.

G. B. Jäsche,
Russ. Kaiserl. Hofrath u. Prof. d. Philos. in Dorpat.

Obiger Aufforderung füge ich noch die Bitte hinzu, mir diese Briefe entweder durch Herrn Wilh. Rein und Comp. in Leipzig oder durch Herrn Heinr. Frölich in Berlin versiegelt zu übersenden.

Friedrich Nicolovius,
Buchhändler zu Königsberg in Pr."

Es ist mir nicht bekannt geworden, ob diese Aufforderung einen Erfolg gehabt habe; den erwarteten wol sicherlich nicht, denn die Correspondenz Kant's ist nie erschienen. Aber wenn auch nur wenige der obigen Aufforderung nachgekommen und die Briefe von Kant originaliter oder abschriftlich eingesandt haben mögen, so dürfte wol kaum noch über den Verbleib dieser Briefe etwas zu ermitteln sein. Vielleicht war der Erfolg ein so geringer, dass der Sammler sich veranlasst sah, von seinem Plane noch abzustehen; vielleicht auch können mancherlei Rücksichten auf die Briefschreiber und die von ihnen erwähnten Persönlichkeiten ihn dazu bestimmt haben; noch zwölf Jahre später meinte K. Morgenstern, als er einige Briefe von Garve, Hamann, Kästner, Lavater, Lichtenberg, Moses Mendelsohn, Selle, Sulzer, Wieland und Wyttenbach in den Dörptschen Beiträgen veröffentlichte, dass sich der erste Brief[1] Garve's, der seine von Feder verstümmelte Recension der Kritik der reinen Vernunft in den Göttinger gelehrten Zeitungen betrifft, „nach genauerer Ansicht zur Zeit wenigstens noch nicht zur Bekanntmachung eigene". Manche mögen auch ihre Briefe zurückgefordert haben. Von einem wissen wir dies bestimmt. Friedr. Heinr. Jacobi schreibt den 28. Juni 1806

---

[1] Derselbe ist erst im vorigen Jahre von Dr. Alb. Stern in seiner Schrift „Über die Beziehungen Chr. Garves zu Kant" (S. 27—32) nach dem Original veröffentlicht worden.

an Ludwig Nicolovius, den Bruder des hiesigen Buchhändlers: „Hierbei fällt mir ein, dass ich gelesen habe: Jagemann²) (oder ist es ein anderer?) wolle Kants Briefwechsel herausgeben. Siehe zu, dass Du den einzigen Brief, den ich in meinem Leben an Kant geschrieben habe, herausbekommst; den von Kant an mich, will ich gern dagegen ausliefern". Ob dieser Austausch stattgefunden hat, weiss ich nicht; gedruckt sind beide Briefe in Jacobi's Werken Bd. III. (1816) aber in der bekannten Jacobi'schen Manier, die vor Auslassungen, Zusätzen und Verstümmelungen nicht zurückschrickt³). Den ächten Kantbrief hat erst Albert Cohn aus seiner Sammlung vollständig mitgetheilt⁴); Jacobi's Brief, leider aber nur die zweite Hälfte, ist in meinem Besitz.

Die an Kant gerichteten Briefe, über die damals Prof. Jäsche, ein Schüler Kants und Herausgeber der Logik seines Lehrers, verfügte, sind noch jetzt so gut wie gar nicht publicirt; sie liegen in zwei stattlichen Quartbänden in der Dorpater Universitätsbibliothek als ein Geschenk ihres einstigen Bibliothekars Prof. Karl Morgenstern, dem sie Jäsche vermacht hatte. Von den darin enthaltenen 461 Briefen sind noch nicht sechszig veröffentlicht; zuerst 23 von K. Morgenstern in den von ihm herausgegebenen Dörptschen Beiträgen Bd. II. u. III. (1815—17), dann 27 von Fr. Sintenis in der Altpr. Monatsschrift (Bd. XV. u. XVI. 1878 u. 79), die übrigen an anderen Orten.

Aber Jäsche hat auch nicht den ganzen brieflichen Nachlass Kant's besessen. Wasianski berichtet, dass er, als ihm Kant im November 1801 die Verwaltung seiner Angelegenheiten übergeben hatte, nichts mehr von seinen Papieren vorfand, als was auf sein Vermögen Bezug hatte. „Seine übrigen gelehrten Arbeiten und Papiere hatten zwei jetzt (sc. 1804) abwesende Gelehrte in Empfang genommen. Von gelehrter

---

²) Ohne Zweifel ist Jäsche gemeint. Ein Jagemann mit Beziehungen zu Kant ist mir nicht bekannt.
³) Wiederholt weist Rudolf Zöppritz in seinem Buche: „Aus F. H. Jacobi's Nachlass. Ungedruckte Briefe von und an Jacobi und Andere." 2 Bde. (Leipzig 1869) diese Unart, Wahrheit und Dichtung zu vermischen und doch für Wahrheit auszugeben, nach.
⁴) „Ungedrucktes zum Druck befördert von Albert Cohn." (Berlin 1878) nur in 60 numerirten Exemplaren abgezogen. (S. 93—99.)

Correspondenz war kein Blatt vorhanden"*). Nur sein letztes grosses Manuscript, an dem Kant noch hartnäckig arbeitete, ohne fortzurücken, hatte er nicht fortgeben mögen; nach seinem Tode nahm es Wasianski als Executor testamenti an sich, „um die auswärtigen Erbinteressenten darüber zu befragen, was damit weiter angefangen werden soll", wie es in Tit. VII des Inventars über den Nachlass Kants lautet. Diese beiden abwesenden Gelehrten sind ohne Zweifel Jäsche in Dorpat und Rink in Danzig; ob der letztere auch Briefschaften erhalten hat, weiss ich nicht; die Andeutungen und Auszüge aus Briefen, denen wir in seinen „Ansichten aus Kants Leben" (Kgsbg. 1805) begegnen, können wol der Jäsche'schen Sammlung entnommen sein. Seine Bibliothek hatte Kant seinem Schüler und Freunde Mag. Gensichen vermacht; dass dieser auch Briefe an Kant besessen hat, ist gewiss. Denn die hiesige Königl. Bibliothek besitzt über sechszig solcher Briefe an Kant, die auf der Bücherauktion des 1807 verstorbenen Prof. Gensichen gekauft worden sind. Manche werden von Kant auch noch an andere verschenkt worden sein. So weiss ich dies ganz bestimmt von einem Briefe, den eine Dame an Kant schrieb, ihn um Beiträge für ihr neu zu gründendes Journal bittend und ihm ihr neuestes Buch übersendend. Kant schenkte den Brief und wol auch das Buch der ältesten Tochter seines Freundes Motherby, herzlich froh darüber, dass sie kein Blaustrumpf war. Das merkwürdige Schreiben ohne Datum gebe ich getreu nach dem Original hier wieder:

### Sophie Mereau an Kant.

„Weñ ich auch nach dem Ausspruch meines eignen Gefühls „den Schritt welchen ich jetzt zu thun bereit bin, für gewagt erklären „muss, so finde ich doch nichts darin wodurch wahre Schicklichkeit „beleidigt werden könte. Ich weiss vielmehr dass wir bey Menschen „höherer Art die Fesseln jener leeren Convenienz, die sich in jedem „Land verändert, u. die zwischen gemeine Menschen oft heilsame „Schrancken sezt, kühn zerbrechen könen, u. dass gebildetere Wesen „sich an die Sache selbst halten, wo jene ewig an der leeren Form

---

*) Imm. Kant in seinen letzten Lebensjahren (Kgsbg. 1804) S. 83.

„hängen bleiben. Nach dieser Voraussetzung glaube ich ohne Be-
„dencken u. ohne weitere Rücksicht auf Entfernung, Geschlecht u.
„Geistesverschiedenheit, mich selbst in das gantz einfache Verhältniss
„einer Bittenden gegen Sie, verehrungswürdigster Mañ, ver-
„setzen zu dürfen.

„Mit Hülfe einiger Freunde will ich mit dem neuen Jahr ein
„Journal anfangen, mehrere hiesige Schriftsteller wollen mir Beiträge
„liefern. Bey einer solchen Unternehmung träumt wohl ein jeder,
„der nicht lediglich für Gewin schreibt, mehr oder weniger stolz.
„Ich träumte sehr stolz, deñ ich hielt es nicht für unmöglich Sie
„für mich zu gewiñen. Etwas aus Ihren Papieren, was Sie viel-
„leicht Kleinigkeit neñen, einige hingeworfene Bemerkungen, denen
„Ihr Geist Licht und Ihr Name Glantz verleiht, würden mich sehr
„glücklich machen. Köñen Sie, so unterstützen Sie meine Unter-
„nehmung. Dringender zu bitten, wage ich nicht, weil ich die zarte
„Linie die hier das Ungewöhnliche vom Unbescheidenen treñt, zu
„überschreiten fürchte —

„Achten Sie es der Mühe werth, das Weib, welches Muth genug
„hatte sich geradezu an Sie zu wenden, näher keñen zu lernen, so
„lesen Sie das Buch, welches ich hier beilege⁶). Dies ist der einzige
„Grund der mich bewegen koñte, dem grossen Kant ein Geistes-
„product darzubiethen, dessen Fehlerhaftes ich selbst am lebhaf-
„testen fühle.

„Mögte ich einer baldigen Antwort entgegen sehn dürfen! —
„Ich habe mich zutrauungsvoll an Sie gewandt. Siz sind gewiss gut,
„so gross und berühmt Sie auch sind. Welche edle Humanität athmet
„aus Ihrem ewigen Frieden! Welche Hofnungen wissen Sie in den
„Herzen aller gutmüthigen Menschen zu entzünden! — Es hängt nur
„von Ihnen ab, ob ich zu dem ernsten Gefühl von Ehrfurcht gegen
„Sie, das ich mit Stolz in meiner Seele nähre, noch das süßere
„der Dankbarkeit hinzufügen soll — Leben Sie wohl!

„Mein Name ist: Professorin Mereau in Jena."

---

⁶) Vielleicht: „Das Blüthenalter der Empfindung" (Gotha 1794).

Vielleicht sind auch die kürzlich von der hiesigen Königl. Bibliothek aus dem v. Duisburg'schen Nachlasse in Danzig erworbenen Briefe einst von Kant nebst andern Papieren verschenkt worden; sie geben interessanten Aufschluss über Kants Verhältniss zu Basedow und dem Dessauer Philanthropin, über welches Thema zu sprechen[7]) ich mir gerade heute vor fünf und zwanzig Jahren an diesem selben Orte das königliche Recht durch die Bohne erlooste. Ueber ein Dutzend an Kant adressirte Originalbriefe verfüge ich selbst; so dass wol im Ganzen circa sechshundert Briefe an Kant zusammen zu bringen sein werden. Eine stattliche Anzahl!

Wie verhält es sich nun aber mit den Briefen von Kant? So unbedeutend, wie man gewöhnlich annimmt, ist seine Correspondenz doch nicht gewesen. Er selbst klagt am 26. Mai 1789 dem Dr. Marc. Herz in Berlin, „dass er durch viele Briefe, welche specielle Erklärungen über gewisse Punkte verlangen, unaufhörlich in Athem erhalten werde". Seinem Freunde Erhard schreibt er am 21. December 1792 „dass er durch andere unumgängliche Zwischenarbeiten, ja viele Briefe, deren Verfassern er so viel Nachsicht nicht zutrauen darf, verhindert werde, ihm zu antworten."

Dass Kant nicht gerne Briefe schrieb, wissen wir aus gelegentlichen Aeusserungen seiner eigenen Correspondenten. So schreibt Herder schon 1767 an Kant, dass er dessen „Ungeneigtheit zum Briefschreiben, von der er auch etwas geerbet, kenne"; „wegen dieser Ungemächlichkeit zu schreiben, darf er um Briefe von ihm nur sehr unzuverlässig bitten" und „er hätte ihm wol manches zu sagen, wenn er wüsste, dass Kant Geduld haben würde, ihm zu antworten". Der bekannte Criminalist Ernst Ferdinand Klein in Berlin, einer der thätigsten Mitarbeiter an der preussischen Gesetzgebung zu Ende des vorigen Jahrhunderts, schreibt am 22. Decbr. 1789 an Kant: „ich bin auch ein Briefschreiber, der mit seinen Antworten zögert, also brauchen Sie Ihre Bequemlichkeit".

---

[7]) „Kant und Basedow. Ein Vortrag, gehalten an Kant's Geburtstag, 22. April 1861, zu Kgsbg. in der Kantgesellschaft" abgedr. in: Deutsches Museum. Ztschr. f. Lit., Kunst u. öffentl. Leben. Hrsg. v. Rob. Prutz. 1862. Nr. 10. S. 329—341.

Wer will ihm diese vis inertiae im Briefschreiben verdenken, zumal wenn man weiss, wie viel Mühe es ihm, besonders in den letzten Jahren machte? dies sieht man seinen Briefentwürfen an. Hatte er doch wahrlich auch Wichtigeres genug zu thun.

Wie viel Briefe Kant geschrieben hat, wird sich ungefähr ermitteln lassen, wenn ich erst alle an ihn gerichtete Briefe durchgesehen habe. So kann ich schon jetzt beispielsweise angeben, dass den siebzehn Briefen von Beck mindestens neun Briefe von Kant correspondiren, zugänglich ist mir aber bis jetzt nur einer; den sechzehn Briefen von Biester gegenüber kann ich ebensoviele von Kant nachweisen, davon erst drei durch den Druck bekannt; den zehn Briefen von Schütz stehen drei gedruckte und sieben nachweisbare von Kant gegenüber; den achtzehn Briefen von Kiesewetter dreizehn von Kant, davon nur zwei gedruckt, fünf mir zugänglich, die übrigen nachweisbar.

Gedruckt und allgemein bekannt durch die drei grossen Gesammtausgaben von Kants Werken sind etwa achtzig Briefe; gedruckt aber nicht allgemein bekannt noch zwanzig Briefe. Seit mindestens zehn Jahren ist es nun mein eifrigstes Bemühen, diesen geringen Bestand an Kantbriefen zu vermehren, wobei mich Gönner und Freunde nach Kräften unterstützen. Das Resultat ist bis jetzt kein unerfreuliches gewesen, aber es genügt noch nicht, um mit der von mir in Gemeinschaft mit Oberlehrer Fr. Sintenis in Dorpat geplanten Veröffentlichung des chronologisch zu ordnenden Briefwechsels vorzugehen. Etwa hundert Briefe und Erklärungen Kants stehen zu meiner Verfügung, so dass also erst der dritte Theil der Anzahl der Briefe an Kant vorhanden ist. Könnte ich nur über grössere Musse und Mittel verfügen, ich würde schneller zu einem gewünschten Abschluss kommen. Von öffentlichen Aufforderungen in Zeitungen und Zeitschriften habe ich bisher weit geringeren Erfolg gehabt, als von direkten Anfragen und Bitten, die ich und meine Freunde an Autographen-Sammler und -Händler gerichtet haben; mit ganz besonderem Danke habe ich hier die opferfreudige Unterstützung des Herrn Dr. Wilh. Tobias in Berlin hervorzuheben. Es gilt also noch weiter zu sammeln, und wenn Sie mir, hochverehrte Herren, hierbei helfen können und wollen, so ist mir diese Gelegenheit, „Sie beim

Kantbaken zu kriegen" — man verzeihe mir diesen Provinzialismus — sehr erwünscht gewesen.

Es sei mir nun gestattet aus Kants Correspondenz eins und das andere hier mitzutheilen.

Mit dem speculativen Inhalte der Briefe von Beck, Herz, Jakob, Maimon, Reinhold u. And. will ich unser gemeinsames Gedächtnissmahl nicht aufhalten; nur soviel darf ich hier sagen, dass die 17 Briefe Beck's, die von 1787 bis 1797 reichen, zu den bedeutendsten der ganzen Sammlung gehören. Wenn der bekannte Mathematiker Klügel in Halle mit seiner Behauptung Recht hat, dass Kant nur darum von Freund und Gegner nicht verstanden werde, weil sie nicht Mathematiker sind, so kam dem jungen Beck zu gut, dass er auch Mathematiker war; scharf ist sein Urtheil über die Leipziger und Hallenser Docenten; noch schärfer über Reinhold's Theorie des Vorstellungsvermögens; er hat einen polemischen Aufsatz darüber fertig, legt ihn aber aus Rücksicht auf Kant's Rücksicht gegen Reinhold bei Seite und wendet sich mit desto grösserem Eifer dem Auftrage zu, einen Auszug aus Kants kritischen Schriften zu liefern; die dieserhalb geschriebenen Briefe an Kant sind von um so grösserem Werthe, als auf einigen derselben unser Philosoph mit zierlicher Schrift seine die von Beck aufgeworfenen Fragen beantwortenden Erörterungen beigemerkt hat[8]). —

Die Briefe von Biester geben interessante Aufklärungen über Kants Mitarbeiterschaft an der Berliner Monatsschrift, besonders auch in Bezug auf den 1786 heftig entbrannten Jacobi-Mendelssohnschen Streit über Lessing's Atheismus.

Die zehn Briefe von Schütz aus den Jahren 1784—86 gewähren uns einen klaren Einblick in das literarische Leben, wie es sich in Folge der Gründung der Jenaer Allgemeinen Literatur-Zeitung besonders mit Bezug auf die kritische Philosophie in Deutschland gestaltete; Kants Recension über Herders Ideen zur Philosophie der Geschichte der Menschheit muss ausserordentliches Aufsehen gemacht

---

[8]) Wir theilen im Anhange diese wichtigen Briefe Beck's an Kant, sowie den einen uns bekannt gewordenen Brief Kant's an ihn und seine handschriftlichen Bemerkungen vollständig mit.

haben; nur diese und noch eine Recension über Hufelands Grundsatz des Naturrechts erschienen von ihm in dem genannten Journal; denn sein Grundsatz war, sich nicht selbst mit Widerlegungen zu befassen, sondern seinen Gang ruhig fortzusetzen. Unterdess liess die Propaganda für den Kriticismus nicht nach. „Ich werde auch", schreibt Schütz, „in der A. L. Z. künftig keine Gelegenheit versäumen, immer auf Ihre Ideen zurückzukommen. So denke ich non vi sed saepe cadendo will ich, ob ich gleich nur ein Tropfen bin, doch manche lapides von Philosophen erweichen".

Interessant ist es, gelegentlich aus den Briefen auch von den Bemühungen der Gegner Kants zu erfahren. So berichtet Jakob unterm 25. October 1786 an Kant, man melde ihm aus Marburg, dass die Wolfianer ein landgräfliches Rescript erwirkt haben, worin ausdrücklich untersagt wird, über die Kantische Philosophie zu lesen!!! Uebrigens brachte auch die Königsberger Hartungsche Zeitung vom 11. December desselben Jahres dieselbe Nachricht. Reinhold erzählt am 12. October 1787, dass Professor Ulrich in Jena seine Ueberzeugung in Rücksicht der Kritik der reinen Vernunft sehr geändert habe, seitdem er (Reinhold) dort ist; Ulrich hat von Reinholds Vorhaben über seine „Einleitung in die Kritik der reinen Vernunft für Anfänger" zu lesen erst, da der Lektionskatalog bereits gedruckt war, Nachricht erhalten; um ihm nun zuvorzukommen kündigt er an der Thür seines Auditoriums noch vor Anfang des Wintercursus sein polemisches Collegium gegen die Kritik der reinen Vernunft für den Sommercurs an, wo dasselbe viermal in der Woche gratis eröffnet wird. Als Probe von dem Tone, in welchem der Mann von seinem Vorhaben spricht, theilt Reinhold den Schluss einer der letzten Vorlesungen Ulrichs mit: „Kant, ich werde dein Stachel, Kantianer, ich werde eure Pestilenz sein. Was Herkules verspricht, wird er auch halten." Dergleichen „Armseeligkeiten", die wol nicht blos in Jena „was alltägliches" waren, werden mehrmals berichtet.

Kant war gut unterrichtet sowohl über die literarischen wie über die politischen Vorgänge, besonders auch über die Vorfälle am Hofe zu Berlin; denn seine Correspondenten sorgten dafür, zumal Kiesewetter, der unserm Kant nicht bloss Teltower Rüben schickt und das Recept seiner Mutter über ihre Aufbewahrung und Zubereitung, sondern ihm auch sehr ausführlich mittheilt, wie traurig es am Hofe aussehe unter dem von Bischofswerder, Wöllner und der Rietz tyrannisirten an Leib und Seele schwachen Könige, „der ganze Stunden sitzt und weint und dem der Herr Jesus schon einige mal erschienen ist." Wie schade, dass wir wegen Fehlens seiner Briefe nicht wissen können, ob und wie Kant über diese „sonderbaren Dinge", unter denen er ja auch als akademischer Lehrer und als Schriftsteller zu leiden hatte, gedacht und sich geäussert habe.

Merkwürdig sind oft die Anfragen, Anerbietungen und Aufforderungen, die Kant erhielt. So schreibt der Consistorialrath, Prof. der Theol. und Phil. an der Frankfurter Universität Gotthilf Samuel Steinbart, dessen „System der reinen Philosophie oder Glückseligkeitslehre des Christenthums für die Bedürfnisse seiner aufgeklärten Landesleute und andrer die nach Weisheit fragen eingerichtet", bis 1794 vier Auflagen erlebte, am 23. September 1781: „Nach Ihren Schriften sind wir längst verbrüdert, nur dass Sie im scharfsinnigen transcendenten Vortrage das empfehlen, was ich populär in meinen Schriften sage". „Wenn Sie mir Ihre Freundschaft schenken wollen, so werde ich Ihnen künftig offenherzig und ausführlich melden können, was jetzt zur Aufrechterhaltung der menschlichen Würde und des Sensus communis gemeinschaftlich zu thun nöthig werden möchte". Ob Kant ihm geantwortet haben mag? Höchst wahrscheinlich; aber in artigster Weise ablehnend; ein zweiter Brief von Steinbart ist wenigstens nicht vorhanden.

Und was mag Kant wol zu dem Anliegen Fessler's gesagt haben? Dieser bekannte Exkapuziner, dessen historische Romane seiner Zeit viel gelesen wurden und dessen Geschichte der Ungarn erst kürzlich in zweiter Auflage erschien, schrieb aus Carolath in Niederschlesien, wo er im Hause des Fürsten Carolath-Schönaich Erzieher war und seinen Marc Aurel schrieb, am 12. Juli 1795 an Kant: „Ihre Augenblicke sind kostbar; vor allem muß ich mein Recht an Sie zu schreiben erweisen. Es kann nur durch Beförderung freyer Geistesthätigkeit und durch Begründung der Vernunftherrschaft in der Welt besser werden;

zu diesem Zwecke beyzutragen ist jedes Mannes Pflicht, der Kraft in sich fühlt; es muß von allen Seiten und unter allen möglichen Gestalten zu demselben hingewirkt werden. Unter allen Lehrern des Alterthums ist vielleicht keiner für den philosophirenden Menschenverstande [sic] brauchbarer und dem Geiste unsers Zeitalters angemessener und heilsamer, als Seneca der Philosoph. Ihn, den ernsten Verkündiger des Vernunftgesetzes, nicht den empyrischen Schicklichkeitslehrer Cicero sollte meines Erachtens der practische Verehrer der Alten jetzt zu seinem Freunde und Vertrauten machen. Zu bedauern ist es nur, daß die höhere Kritik seit Gronovius für Seneca's Schriften nichts gethan hat; weil ihre Geweihten mit der hier und da befleckten Schale auch den in ihr liegenden gesunden, kraftvollen Kern verachtet hatten. Offen steht also noch dem männlichen Fleiße der Weg zu dem schönen Verdienste, dem bessern und edlern Theile unserer Zeitgenossen einen durchaus kritisch recensirten und verbesserten Text der ältesten Prolegomenen zur kritischen Moralphilosophie zu überreichen. Ich wage es, nach diesem Verdienste zu ringen". Zwei Bände, die den Text mit erklärenden und kritischen Anmerkungen enthalten, werden zu Ostern 1797 in Wilh. Gottl. Korn's Verlag erscheinen [sie sind aber meines Wissens nie erschienen]. „Der dritte Band ist einem vollständigen Commentar über die stoische Philosophie, den besondern Stoicismus des Seneca, und über das Verhältniß desselben zur kritischen Moralphilosophie gewidmet... eine Arbeit vor der mir schaudert; aber die ich übernehmen soll [das soll ist mit sehr grosser Schrift geschrieben.] Hier ist es, wo ich mir Ihre Hülfe, Ihre heilsamen Rathschläge erbitte. Was wünschten Sie in einem solchen Commentar zu finden? Wie nahe oder entfernt steht nach Ihrem Erkenntnisse der Stoicismus überhaupt, und besonders der Stoicismus des Seneca von dem, durch Sie entdeckten und aufgeschlossenen Heiligthume der reinen practischen Vernunft? u. s. w." Fragen, wol geeignet für die Untersuchung in einer philosophischen Doctordissertation!

Weit auffallender ist es, wenn ein Magister Grässe in Wittenberg, der einmal im allgem. litter. Anzeiger gelesen hat, dass Kant mit dem berühmten Philologen Ruhnken einen Briefwechsel unterhalten und selbst in seinen jüngeren Jahren über die lateinischen Partikeln geschrieben habe, dem Philosophen ein Exemplar seiner lateinischen Grammatik einschickt und ihn bittet, er möchte ihm doch geneigtest nachweisen, wo die Schrift über die lateinischen Partikeln zu finden sei, oder ihm dieselbe, wenn er sie selbst besitze, mittheilen; er habe vergebens in allen Buchhandlungen danach gefragt. „Zum Beweise, daß ich würklich mit Ihrem Systeme bekañt geworden bin", fügt er in einer Nachschrift hinzu, „mag auch beiliegende Piece\*) dienen, die ich noch als Student hier schrieb; und Ihnen gesteh' ich es gern,: sie ist es schon einigemahle gewesen, was man an mir tadelte, wenn ich im geistlichen Gebiethe habe wollen versorgt sein. denn ihrendwegen beiß' ich hier ein Kantianer; und das ist Ursache genung, um bei geistl. Aemtern durchzufallen bisweilen".

Dass Friedrich Gentz hier in Königsberg studirt hat, ist wol Allen bekannt; aber unbekannt ist das Schreiben seines Vaters vom 16. April 1783 an Kant, auf dessen Bekanntschaft er stolz ist. Darin heisst es: „Ich schicke Ihnen diesen meinen geliebten Sohn voll Vertrauen auf Dero Güte und Menschenliebe, und bin gewiß, Sie werden mir die einzige und größte Bitte, die ich Ihnen jemahls thun kann, nicht versagen, aus dem Stoff, den er in seiner Seele trägt, und womit ihn die Vorsehung so reichlich begabt hat, einen tugendhaften, weisen und nutzbaren Menschen zu bilden, der Führer seiner schwankenden Jugend, und der Stifter seiner zeitlichen und ewigen Glückseeligkeit zu werden . . ."

Dass Kant auch Bettelbriefe erhalten hat, lässt sich denken. Mir liegen ein paar solcher vor. Da ist ein armer Abgebrannter aus Grumsdorf bei Rogass in Südpreussen; er nennt sich Kandt, Theodor Gottlob Martin Kandt; durch eine vermuthlich angelegte Feuersbrunst ist er um all sein Vermögen gekommen und hat einen Verlust von 5000 Thalern erlitten. „Da nun Seine Magnificenze ein Mann von Einfluß ist und dem [*sic*] ganz Europa bewundert, so untersteht er sich Dieselben um eine milde Gabe unterthänigst anzuflehen". — Auch ein Schwede, Carl Friedrich Kanth, wendet sich am 1. Juli 1797 aus Larum an seinen

---

\*) Vielleicht die Schrift: „Was hat man in der Moral von den Handlungen zu urtheilen, welche nicht aus dem Bewusstsein von Pflicht vollzogen werden? Eine philosophisch-moralische Abhandlung". (Wittenberg 1792.)

süssesten Cousin in Königsberg um ein Darlehn von 8 bis 10000 Thaler gegen Zinsen. Dem Schwedischen Original liegt eine die sprachlichen Eigenthümlichkeiten geschickt wiedergebende Uebersetzung bei; da das Ganze zu ergötzlich ist, will ich es Ihnen nicht vorenthalten; es lautet:

### Carl Friedrich Kanth an Kant.

„Larum den 1. July 1797.

„Daß ich mich die Freiheit nehme an meinen Cousin mich schrifft-„lich zu wenden, geschiehet nicht ohne Ursache, die Uhr kann ohne „Feder und Gewicht nicht gehen, dasselbe Bewanntniß hat es mit „diesen meinen Schreiben. Die Hochachtung die ich zu Ihnen hege, „und Unsere nahe Anverwandtschafft ist zu diesen der Triebfehder, „verzeihen Sie, Hochgeschäzter HErr Cousin! die darinn findende „Schreibfehler, mein Vater starb in meinen 5ten Jahre, ich habe „daher wenig gelernt. vor 3 Monath Schrieb an meinen Hoch-„geschäzten Cousin in der zwischen Zeit bin ich in Lübeck und in „Kiebl gewesen in der Hofnung mein HErr Cousin anzutreffen und „mundtlich mit Ihnen sprechen zu können; aber vergebens, und bin „bis jezo ohne antwort von Ihnen, es sollte mich sehr erfreuen, wenn „es noch geschehen mögte. In meinen ersten Schreiben gab ich von „unsere familie Notice; Mein Seelig Vater hieß Johann Kant und „war Münster-Schreiber beym Oefotta Cavallerie Regiment; mein „Vater-Bruder Niklas Kant war Regiments Schreiber bey demselben „Regiment, Carl Friedʳ Kant war Rosthalter [10]), Hans Kant war in „Stockholm, ich weiß aber nicht wo er sich zu lezt aufgehalten hat. „Des HErrn Cousin Vater hieß Lars Kant, und war Lieutenant in „Deutschland, die alte Kanten sind aber alle gestorben. Ich war vor „einiger Zeit in Stockholm, mann fragte mich, ob ich mit HErrn Kant „in Deutschland anverwandt wäre, ich antwortete, Ja! ich wurde be-„fragt warum ich nach Stockholm gekommen wäre, ich sagte, um „mich bey der Zoll Direction zu melden und meine Papieren vorzu-„legen, um Zoll Infpector zu werden, ich erfuhr alsdann, um solchen „Posten zu erlangen, einige Tausend Thaler bey der hand sein mögten.

---

[10]) rust hållare = Rüsthalter, ein Bauer, der einen Reiter stellen muss.

„Ich wende mich daher an meinen hochgeschäzten HErr Cousin mit
„der Bitte, mich auf einige Jahre mit 8 à 10 Tausend Thaler
„Kupfer Müntze gegen Interesse zu dienen, durch diese könnte ich
„glüklich werden. Erfreuen Sie mich mit einer, günstigen Antwort,
„ich lebe indeßen zwischen Furcht und Hofnung."

Kant hatte für seine wirklichen Verwandten hier und in Kurland, wo sein Bruder Johann Heinrich Kant, Pastor zu Alt- und Neurahden am 22. Februar 1800 mit Hinterlassung von Wittwe und unversorgten Kindern gestorben war, genug zu thun; und dass diese wie jene sich meldeten, beweisen die wiederholten Briefe an ihn, die wol bisweilen auch seinen Unmuth erregt haben müssen; denn auf einem kleinen Zettel der Gensichen'schen Sammlung findet sich folgende Notiz von Kants Hand:

„Es kann nicht verlangt werden daß ich mich ausziehe ehe ich
„mich schlafen zu legen bereit bin d. i. daß meine Verwandte schon
„in meinem Leben mich beerben sollen. — Meines verstorbenen Bruders
„Kinder werden nach meinem Ableben schon ihr Theil bekommen. —
„Ich habe noch andere nämlich hiesige Verwandte, die ich zum Theil
„schon jetzt obzwar willkührlich pensionire".

Es ist bekannt und auch einmal bereits an dieser Stelle in einer Festrede [1]) erörtert worden, dass Kants Autorität auf dem moralisch-praktischen Gebiete in den letzten Jahren seines Lebens auch mit Bezug auf die Blatternimpfungsfrage in Anspruch genommen wurde. Sich wiederholt mit ihr zu beschäftigen, dazu gab ihm die erste Veranlassung das folgende Schreiben des Grafen Dohna auf Mallmitz bei Sprottau in Niederschlesien vom 28. August [1799]:

„Verehrungswürdigster Mann!
„Nur die Wichtigkeit die die Frage für mein Herz hat giebt mir
„den Muth Sie um eine Antwort zu bitten. Ich habe eine Braut
„mit der ich der innigen Vereinigung der Liebe mit der Achtung in
„der Freundschaft, nahe zu kommen hoffe, diese hat die Blattern

---

[1]) Prof. Dr. Heinr. Bohn, „Ueber Kant's Beziehungen zur Medizin. Rede, gehalten am 22. April 1872 in der Kant-Gesellschaft" abgedruckt in der Altpreuss. Monatsschrift Bd. X. S. 609—627.

„noch nicht gehabt. Ein Vorfall in unsrer Familie wo eine junge
„Frau von 19 Jahren in dem Kindbette die Blattern bekam und
„ohne Rettung starb, welche Erfahrung man häufig macht, bestimte
„meine Braut selbst sich die Blattern einimpfen zu laßen, wodurch
„sie meinem sehnlichen Wunsche zuvor kam. — Nun lese ich heute
„in Ihrer Tugendlehre, welche mein Handbuch geworden ist seitdem
„ich im Jahre 97 Ihr Sistem durch ein Privatissimum beim Professor
„Beck damals in Halle, habe kennen lernen. Nun fällt mir heute
„besonders die Stelle [12]) wegen der Einimpfung der Blattern unter
„den Casuistischen Fragen auf. Ich halte sie für erlaubt, da ich
„doch mein Leben noch auf etwas Ungewisseres wage, wenn ich es
„darauf ankommen laße, von einem böseren Gifte, zu einer gefähr-
„licheren Zeit, und unvorbereitet angesteckt zu werden. Ich bitte Sie
„herzlich lassen Sie mich wissen, was das Gesetz spricht, so bald als
„möglich. Vielleicht ist die Einimpfung schon geschehen wenn Ihre
„Antwort komt, aber schonen Sie mich nicht, ich will wissen ob ich
„geirrt habe, doch werde ich suchen es so lange als möglich auf
„zuschieben.

„Ich zwinge mich zu schließen: nur so viel von meinem Individuum.
„Ich bin 22 Jahr alt, Besitzer ansehnlicher Güter und trete in meinen
„Wirkungskreis mit dem ernstlichen Willen als solcher und als
„Mensch in jedem Verhältniß meine Pflichten zu erfüllen und frei
„zu handeln. Sie weiser Mann werden mein unsichtbarer Gefährte
„sein und es wird mir sehr angelegen sein daß Sie sich der Gesell-
„schaft nicht schämen dürfen. Für so vieles gegebene Licht
Ihr<br>ewig dankbarer Fabian Emil<br>ReichsGraf zu Dohna."

---

[12]) s. Kant, Metaphysische Anfangsgründe der Tugendlehre. Königsberg 1797. S. 75. (Kants sämmtl. Werke hrsg. v. Rosenkranz und Schubert. Bd. IX. S. 275). Die casuistische Frage lautet: „Wer sich die Pocken einimpfen zu lassen beschliesst, wagt sein Leben aufs Ungewisse: ob er es zwar thut um sein Leben zu erhalten, und ist so fern in einem weit bedenklicheren Fall des Pflichtgesetzes, als der Seefahrer, welcher doch wenigstens den Sturm nicht macht, dem er sich anvertraut, statt dessen jener die Krankheit, die ihn in Todesgefahr bringt, sich selbst zuzieht. Ist also die Pockeninoculation erlaubt?"

Sodann schrieb Professor Juncker in Halle († 27. Dec. 1800), der sich seit 1792 durch verschiedene Schriften und ein besonderes Archiv der Aerzte und Seelsorger wider die Pockennoth (7 Stücke. Leipz. 1796—99) bekannt gemacht hatte, zweimal an Kant; der erste Brief scheint nicht mehr vorhanden zu sein; der zweite vom 27. Juni 1800 lautet:

„Erlauben Sie mir, würdigster Mann, Sie hiermit noch einmal „inständigst zu ersuchen: über die Frage:
„ob und in wiefern Sie die Einimpfung der Menschen-„blattern für sittlich oder unsittlich halten?
„Ihr Gutachten mir gefälligst mitzutheilen. Ich würde diese inständige „Bitte gewiß nicht wiederholen, wenn nicht die Auffoderungen einiger „der würdigsten Mitglieder unserer Gesellschaft mich hierzu ver-„pflichteten. Ich wiederhole in dieser pflichtmäßigen Rücksicht die „obige Bitte, und verbleibe in der gewißen Hofnung auf eine baldige „gefällige Erklärung
Ihr Ihnen innigst ergebener Verehrer
Dr. J. C. W. Juncker
Prof. med. ord. Halenf."

Ob Kant diese Briefe wirklich beantwortet habe, weiss ich nicht. Aber es lässt sich vermuthen nach den Notizen, die sich auf verschiedenen Zetteln zerstreut vorfinden. Auf dem einen steht nur die Ueberschrift:
„Zur Beantwortung der Aufforderung des Hr. D. Juncker in Halle „den 27. Juny 1800 an mich erlassenen Brief wegen der Pockennoth" sonst keine Zeile. Ein anderer Zettel enthält folgende Notiz:
„Jetzt ist von der Pockennoth und von dem Pockenrecht des HE. „Grafen von Maltiz [sic] in Schlesien die Rede imgleichen Junkers „seine hierüber zugeschickte Schriften, die Kuhpocken-seuche mit „eingeschlossen."
Auf einem dritten Zettel hat Kant folgendes vermerkt:
„In die Jahrbücher der preußischen Monarchie einen Brief an den „Grafen Dohna die Pockeneinimpfung u. deren Zuläßigkeit oder „Unzuläßigkeit der Pockeneinimpfung betreffend (vide Rechtslehre) „mit Rücksicht auf Prof. Juncker in Halle den Feuerlärm darüber „zu mäßigen.

„Damit Staaten nicht mit Menschen überfüllt werden u. man sie „in ihrem Keim ersticke zwey Übel als Gegenmittel in sie ge- „legt — die Pocken und den Krieg. Der zunehmende luxus ver- „mindert auch schon sehr den Überschuß der Gebohrnen. Die Natur „verfährt mit Menschen nicht gelinder als mit Pflanzen- und Thier- „arthen. Durch die Fruchtbarkeit ersetzt sie überflüßig den Verbrauch „derselben ohne daß man naturwidrige Mittel brauchen darf."

Danach scheint Kant eine ausführliche Erörterung dieser Angelegenheit in den Jahrbüchern der preussischen Monarchie beabsichtigt zu haben. Ich habe dieselben durchgesehen; sie enthalten wol mehrmals Artikel betreffend „die landesväterliche Sorge des Königs für die Gesundheit der Unterthanen, besonders in Rücksicht auf die Pockennoth", auch „Nachrichten über zahlreiche Blatternimpfungen auf dem Lande", aber einem Aufsatz von Kant bin ich nicht begegnet.

Nun fand ich aber ganz unvermuthet in dem zehnten Convolut des grossen nachgelassenen Manuscripts von Kant, das von dem **Uebergange von den metaphysischen Anfangsgründen der Naturwissenschaft zur Physik** handelt (abgedruckt in der Altpr. Mtsschr. Bd. XIX. 1882. Hft. 3/4) auf dem achten und neunten Blatte (cf. S. 270 von mir bezeichnet mit II (Halbbogen), 1 und S. 274 Bogen III, 1.) eine längere Auseinandersetzung über dieses Thema, die man vielleicht als den Entwurf zu dem von ihm für die Jahrbücher der preussischen Monarchie bestimmten Artikel anzusehen hat. Ich gebe dieselbe hier wörtlich wieder, indem ich nur die Interpunction hinzufüge, die Kant überall fast gänzlich weglässt. Das erste Blatt ist mit A bezeichnet und trägt am Rande die Ueberschrift: „Pockennoth"

„Unter allen Gefahren, in die der Mensch der etwas wagt ge- „rathen kañ, ist die in Versuchung der Verletzung seiner Pflicht „zu gerathen, für einen wohldenkenden Menschen die größte ihrer „Wichtigkeit nach, obgleich, was das öftere Eräugnis einer solchen „Versuchung betrift, dieser Fall oft genug vorkoṁt."

„In Todesgefahr zu gerathen ist allerdings ein großes Übel, „und wer sich dariñ bringt, da er es hat vermeiden könen, fehlt

„(peccat), ist unklug aus Leichtsiñ; aber der, welcher sich der Ge-
„fahr aussetzt, zu einer lasterhaften That verleitet zu werden, der
„verbricht (delinquit), weñ er sie gleich nicht ausgeübt hat und
„ist ein böser Mensch. — Andere Menschen aber vorsetzlich in
„die eine oder die andere dieser Gefahren durch Beyspiel oder Be-
„redung zu bringen, ist Bosheit (malitia). Ein habituell böser ist
„ein verworfener Mensch (deperditus)."

\* \*

„Nun wird die Frage aufgeworfen: Ist es erlaubt, einen Anderen
„in die eine oder die andere dieser Gefahren, mit oder ohne seine
„Einwilligung zu bringen, damit etwas Gutes — ein physisches oder
„moralisches Heil für Menschen herauskome, das ohne diese Gefähr-
„dung (periclitatio moralis) nicht bewirkt werden dürfte? der Apostel
„sagt „daß deren die so denken Verdamnis ganz recht sey". [13] —
„Ein großes Beyspiel für diese Casuistische jetzt sehr in Anregung
„gebrachte Frage ist eine besondere Art von Gefahren nämlich:

„**Die Pockennoth.**"

„Abgesehen von der moralischen Bedenklichkeit, ein Übel in der
„Welt, dem man steuren köñte, geschehen zu lassen, ja es wohl gar
„zu veranstalten, wird diese so genante Noth bey der Seltenheit
„einer Epidemie dieser Art gar wenig gefühlt, und von der Unsicher-
„heit des Lebens der Kinder überhaupt in der ersten Epoche des-
„selben verschlungen, ohne Aufsehen zu machen, und es scheint,
„daß es mehr den Aerzten darum zu thun ist, ihrer Heilkunde Ehre
„zu machen, als einer vom Volk gefühlten großen Noth abzuhelfen,
„wie etwa der Hungersnoth, Holtznoth, u. d. g."

„Es ist also bey dem Pockenübel, was nun schon von undenk-
„licher Zeit her in das Menschengeschlecht eingeartet zu seyn scheint,
„die Gefahr nicht so wohl in dem, was wir leiden müssen, als was
„wir hiebey veranstalten sollen, d. i. um die Moralität unseres
„Verhaltens zu thun, diese Krankheit und deren Abwendung entweder
„dem Zufall der Naturursachen zu überlassen mit Zuziehung der

---

[13] Römer 3, 8.

„Meister in der Kunst nämlich der Aerzte, oder sie uns vorsetzlich
„zu geben, um sie methodisch zu behandeln, und da sie von der
„besonderen Art ist, daß, weñ die Einimpfung einmal glücklich ge-
„lungen ist, man jene nicht noch zum zweyten mal befürchten darf".

„Wie es einmal mit unserer Gattung steht, so ist das Pockenübel
„und die damit verbundene Gefahr"

*Hier bricht das Fragment plötzlich ab und Kant behandelt sein
eigentliches Thema zur Physik weiter fort. Am Rande auf derselben
Seite hat er an zwei verschiedenen Stellen noch folgendes bemerkt:*

„Die Glückseeligkeitslehre ist das Princip der Gymnastik (negativ,
„sustine et abstine) und das Wohlseyn (salus) mens sana in corpore
„sano setzt doch Moral voraus".

„Fiat exper. in corpore vili und unter die vilia wird jeder Unter-
„than der nicht zugleich gesetzgebend (nicht republicanisch) ist ver-
„standen. Pockeneinimpfung gehört also unter den Titel der heroica".

*Auf dem zweiten Blatte, mit B bezeichnet, heisst es:*

## B

## Über die Pockennoth.

„Die Größte Gefahr für Menschen in ihrem Verkehr unter ein-
„ander ist die, Anderen Unrecht zu thun. Unrecht zu leiden ist
„hingegen für nichts zu achten, und es zu dulden, ist oft gar ver-
„dienstlich, weñ man hoffen darf, daß eine solche Toleranz den
„Muthwillen zu beleidigen nicht noch verstärken dürfte".

„Unter den mancherley Nöthen, die das Schicksal über das mensch-
„liche Geschlecht verhängt hat, ist eine Noth, Krankheiten, wegen
„deren man in größerer Gefahr ist, weñ man sich der Natur über-
„läßt, als weñ man ihr zuvorkoṁt und sie sich selbst zufügt, um
„sie mit mehrer Sicherheit heilen zu köñen, nämlich die Pocken-
„noth, von welcher hier nun die moralische Frage ist ob der ver-
„nünftige mensch sie sich und anderen, die selbst kein Urtheil haben
„(Kindern), die Blattern durch Einimpfung zu geben befugt sey,
„oder ob diese Art sich in Gefahr des Todes (oder der Verstüṁelung)
„zu setzen nicht gäntzlich moralisch unzuläßig sey, hierüber also

„nicht blos der Arzt sondern der moralische Rechtslehrer in An-
„spruch genomen werden müsse. — Etwas wird hiebey imer gewagt,
„aber die moralische Waghälsigkeit (etwas auf die Gefahr unrecht
„zu thun) ist doch offenbar größer als die physische welche"

*Hier bricht der Satz wieder ab, am Rande steht folgende Bemerkung:*

„Die Pockennoth ist darum eine der am meisten bekümernden,
„weil das Mittel wieder [sic] dieselbe zugleich der Moralität ent-
„gegen scheint".

*Dann heisst es im Text weiter:*

„In Todesgefahr zu gerathen ist ein Übel (etwas physisch
„Böses), sich aber darin willkührlich zu begeben, eine Pflichtver-
„letzung (etwas moralisch Böses), man mag sich nun sie vorsetzlich
„zuziehen, oder sich auch nur hierin dem Zufall überlassen, den die
„Maxime des Verhaltens in solchen Umständen zieht dem hiebey
„gleichgültigen doch den Vorwurf des Selbstmordes zu".

„Wer sich oder andere, wen er es hat verhüten könen, in Todes-
„Gefahr komen läßt fehlt (peccat), der sich darin begiebt ver-
„bricht (delinquit). Beyde sind strafbar, der eine blos vor dem
„Richterstuhl seiner eigenen Vernunft (ethisch), oder dem eines
„äußeren Machthabers (juridisch)".

„Unter allen Gefahren aber, in die sich jemand begeben, oder in
„die er gerathen mag, ist die der Pflichtverletzung, wen man sich
„ihr aussetzt, die bey weitem größte, zwar sich auszusetzen nicht
„so wohl (qvantitativ), daß man öfterer und leichter in sie zu ge-
„rathen fürchten muß, als (qvalitativ), daß sie durch kein Ver-
„dienst aufgewogen und getilgt werden und so auf gewisse Weise
„moralisch-unsterblich ist".

„Es sind zweyerley Gefahren, in die ein Mensch, der etwas wagt,
„gerathen kan, nämlich entweder an seinem Vortheil einzubüssen,
„oder seine Pflicht zu verletzen; bey welcher die Zufälligkeit (in
„Gefahr zu komen z. B. auf einem schmalen Brett über einem Ab-
„grunde oder über eine Brücke ohne Lehnen) in Gefahr zu komen
„größer sey, wird hier nicht in Betrachtung gezogen, sondern

„was ärger ist: wieder [sic] die Klugheit in Beobachtung meines „Vortheils, oder wieder das Sittengesetz in Befolgung meiner Pflicht „zu verstoßen. Diese zwey Bestimungsgründe der Wahl müßen „aber rein abgesondert und unvermischt in Betrachtung gezogen „werden; den wen die bewegende Ursache zum Theil das eine, zum „Theil das Andere in Betrachtung zieht, so kan die Vernunft gar „keinen sicheren Ausschlag mit einer solchen Waage finden, daher „man auch fragen kan: Was ist wichtiger?"

„Ob die Gefahr qvantitativ größer (leichter sich eräugnend) oder „qvalitativ größer (wichtiger) sey: in dieser Frage wird hoffentlich „jeder Wohldenkende das letztere wenigstens aussprechen. Der Zustand „eines seine Lage kenenden Menschen, sich imer in Gefahr zu wissen, „ist eine von den empfindlichsten nöthen, dafür man es lieber be-„schließt kurz und gut sich in das Bedrohende zu stürzen".

*Am Rande steht endlich noch die folgende Bemerkung*:

„Unter allen Nöthen ist die Gefahr, in ein Gedränge zu gerathen, „den moralischen Grundsätzen abtrünig zu werden: allein diese Noth „kan jederzeit überwunden werden, weil der Mensch das jederzeit „kan was er soll, wen unumgängliche Pflicht ihm vor Augen gestellt „wird. Selbst auch nur gestehen zu müssen, man fühle sich in Ge-„fahr, seine Pflicht in gewissen Versuchungen nicht wiederstehen, „sondern sie wissentlich übertreten zu könen, ist schon eine Ver-„dorbenheit des Herzens, deren der Mensch sich schämen muß".

Man sieht, zu einem rechten Abschluss ist Kant auch hier nicht gekommen; ich aber komme zum Abschluss, indem ich alles übrige, was ich hier noch habe mittheilen wollen, zurücklege und Sie im Namen des verhinderten Vorsitzenden ersuche, dem Weisen und Guten, dessen Geburts- und Namenstag uns heute vereinigt, ein gutes Glas zu weihen, mit dem Wunsche, es möge sein kategorischer Imperativ, der uns mehr wie je in dieser realpolitischen und leider auch realmoralischen Zeit noth thut, nie aufhören, zu gelten.

Es lebe Kants kategorischer Imperativ!

# Anhang.

## I.[1]
### Beck an Kant.

Wohlgeborner,
Hochzuehrender Herr Professor!

Ewr. Wohlgebornen waren gütig mir vor drey Monathe ein Empfehlungsschreiben an den P. Born in Leipzig zu geben. Ich habe mich da einige Wochen aufgehalten und endlich recht gute Aussichten verlassen müssen, weil ich nicht Mittel genug hatte lange ohne Verdienst daselbst leben zu können, kein Weg aber, etwa zu einer Hofmeisterstelle oder zu Arbeiten bey Buchhändler, nach welchen sich da viele Hände reissen, sich mir eröfnen wollte. Jetzt bin ich in Berlin wo ich ein Unterkommen eher zu erhalten hoffe. Dem Bibliothekar Biester bin ich durch Herrn P. Krause bekannt. Er erlaubt mir den Gebrauch der Königl. Bibliothek, aus welcher ich jetzt Newtons Schriften bey mir habe. Wenn Ewr. Wohlgebornen so gut seyn wollten, an Gedicke oder sonst wen der Einfluß hat, mir Empfehlungsschreiben zu schicken: so wäre mir es in vielem Betracht sehr angenehm. Ich ersuche ergebenst Sie deswegen.

Mit demjenigen Zutrauen das eine Folge des Verhältnisses des Schülers gegen den Lehrer ist, schreibe ich Ewr. Wohlgebornen mein Urtheil über die Docenten der Leipziger Universität. Reissender kann wohl nicht der Strom der Zuhörer zu den philosophischen Hörsälen seyn als er hier ist, aber elender als hier kann die Art Philosophie zu lehren, geschweige sie zu entwickeln und zum philosophiren anzuführen, nirgends existiren. Platner ist ein jämmerlicher Mann. Sein Ich welches, wenn von Philosophie die Rede ist, wohl wenig Bedeutung hat, vernimmt der Zuhörer öfter als Inhalt und wirklich öfter als das was dieses Ich eigentlich geleistet hat. Ohngeachtet er mich kannte und im Auditorium zu bemerken schien, unterließ er doch nicht seine Zuhörer mißtrauisch

---

[1]) Die Originale von I—XIII und XV. XVI befinden sich auf der Dorpater Universitäts-Bibliothek. Ex bibl. Car. Morgenstern CCXCI. Briefe an Kant. I. No. 59. 61—67. 69—75.

gegen Kantische Philosophie, deren Geist er vollkommen gefaßt zu haben, [*sic*] vorgab zu machen. Den P. Caesar glaube ich wegen seines gutmüthigen Characters schätzen zu müssen. Er bemüht sich wirklich Ihr System zu studiren. Nur weiß ich nicht was man aus der besondern Art Zweifel die er gegen dasselbe hat, machen soll, z. B. daß er Licht und Einheit finde in der Deduction der Kategorien der Quantität und Qualität aber Dunkelheit, ja Widersprüche in Absicht der Relation und Modalität. Es thut mir sehr leid, daß Born schlechten Vortrag hat. Auch kömmt mir sein Benehmen zu hitzig vor und als eine Folge der Aergerniß daß er keine Zuhörer hat. Hindenburg schätzet Sie sehr. Er sagte mir daß er mit der Philosophie wieder versöhnt sey, seitdem er Ihre Schriften studire. So gut auch der Vortrag dieses vortreflichen Mannes in der Mathematik und Physik ist so hat er gleichwohl wenig Zuhörer. Die Vernachlässigung dieses Studiums, glaube ich, legt den Grund der tändelnden Art zu studiren die in Leipzig scheint im Gebrauch zu seyn. Als Preusse habe ich daselbst sehr gute Aussichten. Da ich für Wissenschaften brenne: so wünsche ich wohl meine Laufbahn da machen zu können. Ich muß mir aber erst das verdienen was zum Anfange derselben nöthig ist. Empfehlungen von Ewr. Wohlgebornen könnten vieleicht darin mir behülflich seyn. Ich bin mit innigster Hochachtung

Ewr. Wohlgebornen

Berlin

d. 1ten August 1789.

ergebenster Diener

Beck.

## II.
### Beck an Kant.

Wohlgeborner Herr,

Hochzuehrender Herr Professor!

Erlauben Sie daß ich Ihnen ein Exemplar meiner Dissertation [15] schicken darf. Dieses geschieht nicht, weil ich ihr einen Werth bey-

---

[15] De theoremate Tayloriano, sive de lege generali, secundum quam functiones mutentur, mutatis a quibus pendeant variabilibus. Diss. pro licentia (16. April 1791). Halae. Sein Respondent war Frdr. Theod. Poselger aus Elbing, Rechtsbeflissener; gewidmet ist die Schrift (20 S. 4.) dem Pastor und Rector der Marienburger Schule Carl Theod. Wundsch.

lege; sondern weil ich wünsche, daß Sie sich an mich eines ihrer [sic] Wahrheit liebenden Schüler erinnern wollen. Mein eigenes Bewußtseyn überführt mich, daß es auch solche Menschen giebt, die viel Gefühl für Wahrheit haben und die mit wahrer Wärme andern ihre Einsichten mittheilen mögen, die aber doch nur Pfuscher sind wenn sie Schriftsteller seyn wollen. Dieses letzte in meiner Rücksicht beweißt meine Ihnen mitgetheilte Schrift. Ich habe nunmehr die Licenz zu lesen. Da ich die Freundschaft des Klügels besitze, so zweifele ich nicht Zuhörer zu meinen mathematischen Collegien zu erhalten, und bin herzlich froh, daß ich jetzt auf einer Laufbahn bin, zu der ich glaube bestimmt zu seyn. Bekomme ich Zuhörer zu philosophischen Vorlesungen, so werde ich im Stillen die Ueberzeugung zu verbreiten suchen, die Ihr mündlicher und schriftlicher Unterricht in mir bewirkt hat. Ich bin mit einer herzlichen Hochachtung ganz

Halle  
d. 19ten April 1791.

der Ihrige  
Beck.

### III.
### Beck an Kant.

Mein Theuerster Lehrer!

Die freundschaftlichen Gesinnungen die Sie in Ihrem Briefe gegen mich äussern, stärken mein Gemüth, das leider! manchmahl wegen Zweifel an eignen Kräften und Tauglichkeit niedergeschlagen ist. Ich danke Ihnen herzlich dafür und auch für die Erlaubniß wieder an Sie schreiben zu dürfen. Beym Herrn Geheimen Rath v. Hofmann bin ich gewesen und habe ihm für seine Geneigtheit gegen mich die er in seinem Briefe an Sie hat blicken lassen, gedankt. Er begegnete mir sehr gütig und ich kann wohl glauben, daß er mir nützen werde, wenn er Gelegenheit dazu haben wird. Sonst genüsse ich hier wirklich einen Vortheil und zwar durch die Fürsorge des Herrn Professor Jakob, der sobald ich nach Halle kam, mich dem Schulkollegium des hiesigen Gymnasiums so sehr dringend empfahl, daß es mich bey diesem Gymnasium, bey dem er selbst so lange Schulkollege gewesen, zum Collaborator wählte. Dieser Vortheil beträgt etwa 90 oder 100 Thlr.

und ist überdem mit der ziemlich sichern Hofnung verknüpft Schul Kollege zu werden wenn eine Vakanz vorfällt. Herr Pr. Jakob ist jetzt von der Schule abgegangen; allein ein anderer als ich, der ein älteres Recht dazu hatte, ist an seiner Stelle Lehrer geworden. Seit vorigen Montag sind hier die Collegia angegangen. Ich lese die reine Mathematick nach Klügels Lehrbuch und habe etwa 8 Zuhörer, die aber wahrscheinlich mir nichts bezahlen werden. Auch habe ich heute ein Publicum zu lesen angefangen, nehmlich die mathematische Geographie, worin freylich eine ganze Menge Studenten waren, die sich aber, weil es Vorkenntnisse verlangt, wahrscheinlich bis auf wenige verliehren werden. Zur philosophischen Vorlesung hat sich niemand bey mir gemeldet. Ich bin dieses schlechten Anfangs wegen aber gar nicht muthloß. Denn ich meyne es ehrlich und glaube daß man die Absicht zu nutzen mir anmerken werde. Schelten Sie aber doch nicht, daß ich Sie von meinen Umständen so lange unterhalte.

Auch von literairischen Dingen haben Sie mir erlaubt Ihnen zu schreiben. Verehrungswürdiger Mann! Sie lieben die Sprache der Aufrichtigkeit, und verstatten es mir Ihnen herzlich zu beichten, was mir auf dem Herzen liegt. Die Kritick habe ich gefaßt. Es war mir Herzenssache sie zu studiren, und nicht Sache des Eigennutzes. Ich habe Ihre Philosophie lieb gewonnen, weil sie mich überzeugt. Aber unter den lauten Freunden derselben, kenne ich keinen einzigen, der mir gefällt. So viel ich spühren kann, ist es eitel Gewinnsucht, welche die Leute belebt, und das ist unmoralisch und schmeckt wahrlich nicht nach Ihrer practischen Philosophie. Herr Professor Reinhold will durchaus alle Aufmerksamkeit an sich ziehen. Aber so viel ich auch aufgemerkt habe, so verstehe ich doch kein Wort und sehe nichts ein von seiner Theorie des Vorstellungsvermögens. Dem Professor Jakob bin ich gut, bis auf seine Büchermacherey. Er ist wirklich ein Mann von guter Denkungsart. Aber er hat kritische Versuche seinem Hume angehängt, welche ein schlechtes Contrefait dazu sind. Er will hin und wieder Mathematicker darin scheinen, und da er es doch nicht ist, so begeht er ausserordentliche Absurditäten. Im verlaufenen Winter halben Jahre hat er die Logick und Metaphysick, eine empirische Psychologie und einen moralischen Beweiß des Daseyns Gottes geschrieben. Auf die Art verdirbt man viel. Denn statt dem Publicum bey einer der Menschheit interessanten Angelegenheit behülflich zu seyn, bringt man dem denkenden Theil desselben Verdacht gegen die gute Sache bey. Sonst ist Jakob gewiß ein guter Mann, den ich aber noch weit mehr lieben würde, wenn Philosophie ihm mehr Herzenssache als Vortheilssache wäre. Ich halte mich lediglich an die Kritick und lese nichts mehr was von Gegnern oder Freunden derselben geschrieben ist.

Herr Kiesewetter hat an Jakob geschrieben, daß die Ostermesse Ihre Moral herauskommen würde. Auf diese bin ich begierig. Denn es schweben mir in diesem Felde noch manche Dunkelheiten vor, die eine Moral von Ihnen aufhellen wird.

Daß Herr Prof. Jakob jetzt hier Professor ordinarius geworden, werden Sie aus seinem Briefe an Sie wahrscheinlich schon erfahren haben. Die Giessener haben dem Magister Schmidt die Vocation angetragen. Er hat sie aber wie mir Jakob sagt, ausgeschlagen, weil er in Jena eine Predigerstelle und sonst gute Aussichten hat.

Sie verlangten daß ich unfrankirt an Sie schreiben sollte. Dann aber nehmen Sie es mir auch wohl nicht übel, daß ich einen Brief an Herrn Pr. Kraus einlege.

Herr Professor Klügel empfiehlt sich Ihnen. Er sagt, die Ursache warum Sie von Freunden und Gegnern nicht verstanden werden, ist weil diese nicht Mathematicker sind.

Ich bin mit der lautersten Hochachtung

Halle  
d. 1$^{ten}$ Juny 1791.

der Ihrige  
Beck.

## IV.
### Beck an Kant.

Halle d. 6$^{ten}$ October 1791.

Theuerster Herr Professor,

Vor einiger Zeit erhielt ich einen Brief von dem Buchhändler Herrn Hartknoch aus Riga, der mich bat und zwar, wie er sagte, auf Ihren Rath, einen Auszug Ihrer sämmtlichen Schriften lateinisch zu schreiben. Da ich keinesweges mir die dazu gehörige Fertigkeit des Ausdrucks in dieser Sprache zutraue, so lehnte ich ohne Bedenken diesen Antrag von mir ab. Ich that ihm aber einen andern Vorschlag, den nehmlich, Verleger zu werden von einer Prüfung der Theorie des Vorstellungsvermögens des Herrn Reinholdts; oder auch von einer Vergleichung der Humeschen Philosophie mit der Ihrigen, die ich nach und nach ausarbeiten wollte. Was mich nun auf einmahl dazu brachte, was schreiben zu wollen, war in Wahrheit nicht Genie-Drang, sondern eine behuthsame Ueberlegung. Da ich nehmlich bedachte, daß es um das Lesen eines neuen Magisters eine mißliche Sache ist, und mein anderweitiger Verdienst so geringe ist, daß bey aller Einschränkung ich dennoch davon nicht subsistiren kann, so fiel ich auf die, in unsern Tagen leider! von zu vielen zugesprochene, aber doch noch immer ergiebige Quelle, was zu schreiben. Nun muß ich freylich gestehen, daß ich nicht sehr gehindert werde, alle blosse Büchermacher als Betrüger anzusehen. Auch muß ich das gestehen, daß wegen meiner sehr langsamen Progressen in der Mathematick, ja deswegen, weil ich nichts Neues der Welt zu sagen habe, ich mich eben für keinen beruffenen Scribenten ansehen kann. Da ich aber an die Theorie des Vorstellungsvermögens vermögens [sic] dachte, so schien der Vorwurf darüber was zu schreiben, einen Theil meiner Bedenklich[kei]ten zu heben. Ich bin von der Nichtigkeit dieser Theorie so sehr überzeugt, daß ich im Stande bin, gar Ihnen, mein Urtheil darüber zu sagen, und da die Kritick mich überzeugt hat, so glaubte ich über diese Theorie, nach Anstrengung meiner Kräfte, was Gedachtes und nicht ganz Unnützes hervorzubringen. Um jedoch nichts zu unternehmen das auch späterhin mich mit mir selbst unzufrieden machen dürfte, entschloß ich mich zu dem, Ihnen, beßter Herr Professor, offenherzig mein Unternehmen anzuzeigen, und Ihren Rath mir darüber auszubitten.

d. 8$^{\text{ten}}$ October.

So weit war ich, da ich Ihren freundschaftlichen Brief vom 27$^{t}$ Sept. erhielt. Nun darf ich mit etwas mehr Muth weiter schreiben. Zuerst muß ich Ihnen sehr danken, für das Vertrauen das Sie zu mir fassen. So gut ich nur immer kann, werde ich desselben mich werth zu machen suchen. Mit Freymüthigkeit, aber auch mit Furchtsamkeit schicke ich Ihnen eine Probe meiner Aufsätze über die Theorie des Vorstellungsvermögens. Sie haben die Form der Briefe, weil ich sie wirklich an einen hiesigen Freund einen gewissen Magister Rath, der im Stillen die Kritick beherzigt, und den ich sehr liebe, gerichtet habe, der mir auch ein Paar Aufsätze dazu als Antworten versprochen hat, so daß die ganze Schrift vieleicht 8 Bogen stark werden könnte. Aber Sie bitte ich vor allen Dingen, sie zu beurtheilen. Das imprimatur oder non imprimatur soll ganz von Ihnen abhängen. Eigentlich habe ich wohl die Absicht sie anonymisch zu schreiben. Wenn Sie aber Gelegenheit haben, mich mit Herrn Reinholdt bekannt zu machen, so würde das gleichwohl mir angenehm seyn, und ich würde auch in dem Fall, sehr sorgfältig alles, was selbst entfernt ihn böse machen könnte, meiner Schrift benehmen. Einen Auszug aus Ihren kritischen Schriften zu machen, wird vorzüglich daher mir ein angenehmes Geschäfte seyn, weil Sie mir erlauben, meine Bedenklichkeiten, grade Ihnen vorzulegen. Die Kritick d. r. V. habe ich mit dem herzlichsten Interesse studirt, und ich bin von ihr wie von mathematischen Sätzen überzeugt. Die Kritick der practischen Vernunft ist seit ihrer Erscheinung meine Bibel. Aber ich wünsche jetzt nicht so viel, Ihnen geschrieben zu haben, um einige mir vorkommende Schwierigkeiten, welche jedoch die eigentliche Moral betreffen, Ihnen vorlegen zu können.

An Herrn Pr. Kraus bitte ich inliegenden Brief abzugeben. Vor allen Dingen habe ich diesem vortreflichen Mann die Ursache angeben müssen, warum ich schriftstellern will. Aber Sie habe ich noch ganz vorzüglich zu ersuchen ihn zu bitten, daß er mir desbalb nicht böse seyn wolle. Seinen Unwillen fürchte ich mehr als den Tadel der Recensenten.

Da Sie so gütig sind zu verlangen, daß ich meinen Brief nicht frankire, so thue ich es, auch diesesmahl nicht. Da jedoch ich künftig was verdienen werde, so bitte ich für die Zukunft mir [*sic*] das Porto tragen zu lassen. Ich bin mit der herzlichsten Hochachtung

der Ihrige
Beck.

## V.
### Beck an Kant.

Halle d. 11ten November 1791.

Theuerster Herr Professor!

Bald nachdem ich den Brief vom 2ten October an Sie geschrieben hatte, und noch täglich an der Prüfung der Theorie des Vorstellungsvermögens etwas arbeitete, wurde der Gedanke mir immer auffallender, daß ich doch im Grunde für kein Publicum schriebe. Da ich nun gestern Ihren mir sehr lieben Brief vom 2ten November erhielt, so beschloß ich gleich, diese Arbeit ganz bey Seite zu legen. Aber, obgleich dem so ist, so liegt mir doch daran, Sie zu versichern, daß ich weit entfernt gewesen, etwas in meine Schrift zu setzen, was Herrn Reinholdt auf den Gedanken bringen könnte, daß Sie was darum wüßten. Auch hätte ich mir nichts Hartes gegen diesen Mann erlaubt, der des Wahrheit-Gefühls wegen, das er in seiner Schrift äussert, mir immer sehr schätzbar ist. Ganz unnütze für mich ist auch meine Beschäftigung mit seiner Theorie nicht gewesen, indem ich Vieles mehr nachgedacht und mir auch geläufiger gemacht habe.

Ich wende mich nun zu der mir weit interessanteren Arbeit, einen Auszug aus Ihren kritischen Schriften zu verfertigen, und schiebe die, dem Herrn Hartknoch angebotene Schrift über Hume noch etwas auf. Mit dem mir möglichen Fleiß will ich arbeiten und werde, beßter Herr Professor, da Sie es mir ja erlauben, Ihnen das schreiben, was ich noch nicht tief genug bis zur eigenen Beruhigung einsehe. Wenn Sie nun so gütig seyn wollen, deswegen an Herrn Hartknoch zu schreiben, so wird mir das sehr angenehm seyn. Er wird aber auch so gut seyn müssen mir aus seinem Lager in Leipzig einige Sachen, besonders Journäle, die ich mir ausbitten werde, zu schicken.

Und nun, erlauben Sie mir, zu fragen, ob ich in Folgendem Ihren Sinn treffe. Nur muß ich Sie vorher bitten doch nicht verdrüßlich zu werden, wenn bey der Versicherung die Kritick beherzigt zu haben, ich doch vieleicht zu fehlerhaft schreibe.

Die Kritick nennt die Anschauung, eine Vorstellung die sich unmittelbar auf ein Object bezieht. Eigentlich aber wird doch eine Vorstellung, allererst durch Subsumtion unter die Kategorien objectiv. Und da auch die Anschauung, diesen, gleichsam objectiven Character, auch nur durch Anwendung der Kategorien auf dieselbe erhält, so wollte ich gern jene Bestimmung der Anschauung, wonach sie eine auf Objecte sich beziehende Vorstellung ist, weglassen. Ich finde doch in der Anschauung nichts mehr, als ein vom Bewußtseyn (oder dem einerley Ich denke) begleitetes und zwar bestimmtes Mannigfaltige, wobey noch keine Beziehung auf ein Object statt findet. Auch den Begrif will ich nicht gern eine Vorstellung die sich mittelbar auf ein Object bezieht, nennen; sondern unterscheide ihn darin von der Anschauung, daß diese durchgängig bestimmt, und jener nicht durchgängig bestimmt ist. Denn Anschauung und Begrif erhalten ja, erst durch das Geschäfte der Urtheilskraft die sie dem reinen Verstandesbegrif subsumirt, das Objective. † [16])

Unter dem Worte verbinden in der Kritick, verstehe ich nichts mehr, noch minder, als das Mannigfaltige von dem identischen Ich denke, begleiten, wodurch überhaupt eine Vorstellung entsteht. Nun meyne ich daß die ursprüngliche Apperception eben um dieser einen Vorstellung willen, die dadurch nur zu Stande kommen kann, von der Kritick die Einheit der Apperception genannt wird. Aber habe ich auch darin recht daß ich beyde verwechsele, oder vielmehr, darin lediglich den Unterschied finde, daß das reine Ich denke, obgleich es nur an der Synthesis des Mannigfaltigen erhalten wird, doch überhaupt (da es selbst nichts Mannigfaltiges in sich schließt) als etwas Unabhängiges von demselben gedacht wird; hingegen die Einheit des Bewußtseyns in der Identität desselben bey den Theilen des

---

[16]) *Kant hat hier ein* † *gemacht und unten in 3 Zeilen vermerkt:* „Die Bestimung „eines Begrifs durch die Anschauung zu einer Erkentnis des Objects gehört für die „Urtheilskraft aber nicht die Beziehung der Anschauung auf ein Object überhaupt; „den das ist blos der logische Gebrauch der Vorstellung dadurch diese als zum „Erkentnis gehörig gedacht wird, dahingegen wen diese einzelne Vorstellung blos „aufs Subject bezog. wird der Gebrauch ästhetisch ist (Gefühl) und die Vorstellung „kein Erkentnißstück werden kan".

Mannigfaltigen zu setzen sey? Diese Einheit erhält nun in meinen Augen den Character der objectiven Einheit, wenn die Vorstellung selbst unter die Kategorie subsumirt wird. Herr Reinholdt spricht von einer Verbindung und einer Einheit im Begrif, einer zweyten Verbindung und einer zweyten Einheit (von der zweyten Potenz, wie er sich ausdrückt) im Urtheil. Auch hat er noch eine dritte im Schluß. Davon verstehe ich zwar nicht ein Wort, indem ich unter verbinden nichts mehr als das Mannigfaltige vom Bewußtseyn begleiten, verstehe, aber doch macht es mich mißtrauisch gegen mich selbst.

Mein Theuerster Lehrer, Ihnen Zeit rauben ist nicht meine Sache. Aber, indem ich für dieses mahl nichts Weiteres Ihnen vorlegen will, muß ich Sie inständigst bitten, mit wenigen Worten mich über das Vorgelegte, zu beruhigen. Denn wenn ich irre, so würden doch wohl nur einige Winke hinlänglich mich auf die rechte Bahn führen. Es verhält sich mit diesem Studium darin ganz anders wie mit dem der Mathematik. Sätze der letztern, einmahl deutlich eingesehen, können wohl an Deutlichkeit nichts mehr gewinnen. Dies letztere findet doch in der Philosophie statt. Klügel, dessen Scharfsinn ich oft zu bemerken Gelegenheit habe, versichert mich, daß obgleich gar einmahl er ein Collegium über die Metaphysick der Natur gelesen, er lange nachher erst ein einigermassen widriges Vorurtheil sowohl gegen jene Metaphysick, als auch wohl gegen die Kritik bis auf den Punct daß er sie schätze, indem er sie immer mehr verstehe abgelegt habe. Ich erinnere mich noch gar wohl, wie er, um die Zeit da ich hier angekommen war, über die Bestimmung, wonach die Mathematik eine Wissenschaft durch Construction der Begriffe sey, urtheilte. Ich konnte lange nicht errathen was er damit haben wollte, daß sie eine Wissenschaft der Formen der Grössen sey, und erfuhr erst da ich disputirte, daß seine Erklärung genau mit der Ihrigen congruire. Die Kritick der Urtheilskraft befriedigt mich ganz. Nur müssen Sie nicht zürnen daß ich jetzt erst mit dem ästhetischen Theil fertig bin. Ich bin mit der reinsten Hochachtung

der Ihrige

Beck.

## VI.
### Beck an Kant.

Halle d. 31ten May 1792.

Theuerster Herr Professor,

Heute habe ich das Vergnügen gehabt, Herrn Hartknoch persönlich kennen zu lernen. Er sagt, Sie erlauben es mir, in die Vorrede des Auszugs aus Ihren critischen Schriften zu setzen, daß er mit Ihrem Wissen geschrieben sey. Das ist nun wohl sehr gut, aber ich bin dadurch noch nicht ganz beruhigt. Ich trete zum ersten mahl ins Publicum, und muß, wenn ich auch nur auf meinen Vortheil bedacht seyn will, alle Vorsicht und Fleiß anwenden, um mit einigem Anstand zu erscheinen. Wollen Sie mir erlauben, Ihnen das Manuscript zu schicken, und darf ich Sie bitten, entweder selbst es durchzulaufen, oder, da ich dieses wohl nicht erwarten kann, wollen Sie den Herrn Hofprediger Schultz in meinem Namen darum ersuchen? Er kennt mich sehr wohl, und würde vieleicht auch aus Freundschaft für mich, und wenigstens wenn Sie insbesondere ihn darum bitten, es wohl thun.

Ich wünsche gar sehr zu wissen ob ich in Folgenden Ihre Gedanken treffe. Ich meyne daß man in der transc. Aesthetick die Anschauung gar nicht erklären dürfe, durch die Vorstellung die sich unmittelbar auf einen Gegenstand bezieht, und die da entsteht, indem der Gegenstand das Gemüth afficirt. Denn in der transc. Logick kann erst gezeigt werden, wie wir zu objectiven Vorstellungen gelangen. Die reine Anschauung verbietet jene Erklärung schon von selbst. Ich sehe doch in Wahrheit nicht daß ich irre, wenn ich sage: die Anschauung ist eine durchgängig bestimmte Vorstellung in Ansehung eines gegebenen Mannigfaltigen. Auch wird es mir so recht deutlich, daß die Mathematick eine Wissenschaft durch Construction der Begriffe sey. Denn auch die Algeber kann nicht anders als vermittelst durchgängig bestimmter Vorstellungen ihre Sätze beweisen. Auch muß man meiner Meynung nach gar sehr bedacht seyn, das Subjective der Sinnlichkeit von dem Objectiven zu scheiden, um nachher desto besser das eigene Geschäfte der Categorien, welche die Objectivität den Vorstellungen geben, ins Auge zu fassen.

Zweytens ist es mir sehr begreiflich, daß die Gegenstände der Sinnenwelt, den Grundsätzen der transc. Urtheilskraft unterworfen seyn müssen. Um dieses im hellen Lichte zu sehen, so subsumire man die empirische Anschauung unter die Schemate der Categorien: so sieht man sofort, daß sie nur dadurch Objectivität erhält, da dann die Frage wie es zugeht, daß die Gegenstände sich nach jenen synthetischen Sätzen a priori richten müssen, aufhört. Sie sind ja nur darum Gegenstände, so fern ihre Anschauung der synthetischen Verknüpfung des Schema unterworfen gedacht wird. Z. B. sehe ich die Gültigkeit der Analogie, daß allen Erscheinungen was Beharrliches zum Grunde liege, daher ein, weil, wenn ich das Schema der Substantialität auf die empirische Anschauung beziehe, diese eben hiedurch Objectivität erhalte, mithin muß der Gegenstand selbst, dieser synthetischen Verknüpfung der Substanz und Accidenz unterworfen seyn. Aber wenn ich bis zu dem Princip der ganzen Sache hinaufsteige, dann treffe ich doch eine Stelle an, wo ich sehr gern mir mehr Licht wünsche. Ich sage, die Verbindung der Vorstellungen im Begrif ist von derjenigen im Urtheil verschieden, so daß in der letzten noch über jene Verknüpfung die **Handlung** der objectiven Beziehung vorgehe, also die nehmliche Handlung, durch welche man einen Gegenstand denkt. In der That ist es doch ganz was Verschiedenes, wenn ich sage, der schwarze Mensch, oder, der Mensch ist schwarz,[17]) und ich meyne daß man sich nicht fehlerhaft ausdrücke, wenn man sagt, die Vorstellungen im Begrif sind zur subjectiven Einheit, dagegen im Urtheil zur objectiven Einheit des Bewußtseyns verbunden. Aber ich gebe viel darum wenn ich tiefer in die Sache greifen könnte und eben diese **Handlung der objectiven Beziehung** dem Bewußtsein besser darstellen könnte. In meinem

---

[17]) *Kant hat hierzu auf derselben zweiten Seite unten bemerkt:* „Der Ausdruk: der „schwarze Mensch bedeutet den Menschen sofern der Begriff von ihm in Ansehung „der Schwärze bestimt gegeben ist, aber der: der Mensch ist schwarz bedeutet die „Handlung meines Bestimmens".

letzten Briefe berührte ich diesen Punct als eine mir vorkommende Dunkelheit, und beßter Herr Professor, aus Ihrem Schweigen darauf, argwöhnte ich, daß ich Unsinn darin verrathen haben dürfte. Aber ich mag die Sache um und um ansehen, so sehe ich nicht daß ich grade was Ungereimtes gethan, wenn ich Belehrung darüber mir ausgebeten und Sie noch darum ganz inständigst ersuche.

Drittens, ist mir das Verfahren der Critick der practischen Vernunft ausserordentlich einleuchtend und fürtreflich. Sie hebt von objectiv-practischen Principien an, welche die die [sic] reine Vernunft ganz unabhängig von aller Materie des Willens, für verbindend anerkennen muß. Dieser anfänglich problematische Begriff erhält unwiderlegbare objective Realität durch das Factum des Sittengesetzes. Aber ich gestehe, daß so einleuchtend wie der Uebergang der synthetischen Grundsätze der transc. Urtheilskraft zu Gegenständen der Sinnenwelt, die ihnen unterworfen sind vermittelst der Schemate, mir vorkömmt, mir der des Sittengesetzes vermittelst des Typus desselben, nicht erscheint, und ich würde wie von einer Last befreyet seyn, wenn Sie freundschaftlich, die Nichtigkeit folgender Frage mir zeigen wollten. Ich frage nehmlich, kann man sich nicht denken, daß das Sittengesetz etwas geböte, das seinem Typus zuwider wäre, mit andern Worten: kann es nicht Handlungen geben, bey denen eine Naturordnung nicht bestehen kann, und die doch das Sittengesetz vorschreibt? Es ist ein bloß problematischer Gedanke, aber ihm liegt doch das Wahre zum Grunde, daß die strenge Nothwendigkeit des categorischen Imperativs, keinesweges von der Möglichkeit des Bestehens einer Naturordnung herzuleiten ist; aber darin werde ich irren, wenn ich die Uebereinstimmung beyder für zufällig erkläre.

Und nun, lieber theurer Lehrer, werden Sie mir doch nicht abgeneigt, wegen meines vieleicht ungestühmen Anhaltens mit meinen Briefen. Ich liebe und verehre Sie unaussprechlich und bin mit Herz und Seele der

Ihrige

Beck.

## VII.
### Beck an Kant.
Halle d. 8ten September 1792.

Theuerster Herr Professor,

Sie haben mir erlaubt Ihnen mein Manuscript zu schicken und ich benutze hiemit dieses gütige Anbieten. Da ich es mit Sorgfalt aufgesetzt und kein Nachdenken in dieser Arbeit mir erspahrt habe, so giebt mir dieses einigen Muth dieselbe Ihnen vorzulegen. Was die Schwierigkeiten betrift, die mich bisweilen quälten, und die ich zum Theil Ihnen vorgelegt habe, so habe ich grossentheils und nach und nach aus eigenem fundo sie mir selbst gehoben. Daß der grade Gang auch in Wissenschaften der beßte ist, erfahre ich täglich, indem jedesmahl, daß ich mich überredete, auch in der Critick was eingesehen zu haben, das ich doch nicht hatte, ich mich nur vom Ziel auf längere Zeit entfernt habe. Der Auszug aus der Critick der reinen Vernunft geht in diesen Heften bis zur transcendentalen Dialectick. Ich habe ihn schon einmahl ganz fertig gehabt; aber der Fortschritt in diesem Studium und die dadurch erhaltene Aufklärung hat mich vermocht die ganze Arbeit umzuwerfen und von Neuem den Aufsatz zu machen. Aber um eine Unart muß ich um Verzeihung bitten. Ich habe zwar das Manuscript so leserlich als ich konnte geschrieben, aber es war mir unmöglich es abschreiben zu lassen, weil die Leute die man hier dazu braucht, Soldaten sind, und diese sich jetzt in Frankreich befinden.

Und nun, Lieber, Theurer Lehrer, darf ich freylich nicht wähnen, daß sie mein ganzes Geschreibe selbst durchgehen werden. Nur um die Gefälligkeit muß ich Sie wirklich ersuchen, die einige Blätter von der Deduction der Categorien und den Grundsätzen durchzugehen, woran mir am meisten gelegen ist und mir zu zeigen, was ich wohl gar falsch dürfte gefaßt, oder Ihrem Wunsche nicht gemäß dargestellt haben. Der Buchdrucker verlangt aber das Manuscript in einer Zeit von acht Wochen und ich bin daher genöthigt es mir gegen Ende des Novembers zurück zu erbitten.

Noch eine Privatfrage möchte ich gern thun, wozu mir Ihre Critick durch die mir ausserordentlich einleuchtende Bemerkung, daß man einen

Raum durchweg erfüllt mit Materie sich denken und gleichwohl das Reale desselben durch unendlich viele Grade verschieden setzen könne. Ich habe mich niemals in die Vorstellungsart Kästners, Karstens ɹc. daß man die Materie aus gleichförmigen Moleculis von einerley Schwere bestehend sich denken müsse, um die verschiedenen Gewichte gleicher Volumina sich zu erklären, finden können. Die critische Philosophie hat bis zum Ergötzen mich hierüber belehrt. Um nun jene Erscheinung mir zu erklären, stelle ich mir die Sache so vor. Die Erde zieht jeden Körper auf ihrer Oberfläche an, so wie sie auch von ihm angezogen wird. Aber die Wirkung des Körpers gegen |[18]) die Erde ist unendlich klein gegen die welche die Erde auf ihn hat und daher kommt es daß die Fallhöhe im luftleeren Raum aller Körper ganz gleich ist. Hänge ich aber zwey Körper von gleichem Volumen in denen kein Theil leer seyn mag an die Wage, so wird die Wirkung welche die Erde auf beyde äussert gegen einander aufgehoben, aber die Kräfte womit beyde Körper die Erde anziehen, bleiben und sind es nun allein welche ein Verhältniß gegen einander haben. Im luftleeren Raum ist das Verhältniß der Kräfte womit beyde Körper zur Erde fallen $= a + dx : a + dy = a : a$ also ein Verhältniß der Gleichheit; aber an der Wage $= dx : dy$ ein Verhältniß der Ungleichheit. Würden beyde Körper auf eine Mondesweite etwa von der Erde erhoben, so würden gewiß ihre Fallhöhen nicht mehr gleich seyn. Ob ich darin wohl recht habe?

Inliegenden Brief an Sie zu bestellen hat mich Herr M. Rath gebeten. Er hat Lust die Critick ins Latein zu übersetzen und will Sie darum befragen. Da Ihnen dieser Mann gänzlich unbekannt ist, so darf ich wohl einige Worte die ihn kenntlich machen sollen hersetzen. Er ist kein junger Mensch, sondern ein Mann zwischen dreyßig und vierzig. Wirklich reine Liebe zu den Wissenschaften hat ihn vom schriftstellerischen Pfad, und diese sowohl als eine grade aufrichtige Denkungsart, von dem Bestreben das andern manchmahl schnell Ehren bringt, abgehalten. Daß er die alten Sprachen kenne habe ich aus dem

---

[18]) *Kant hat hinter dem Worte „gegen" einen Verticalstrich gemacht und am Rande vermerkt:* „| einen gleichen Theil der Erde aber auf der ganzen Erde ist sie gleich „nur nicht der Geschwindigkeit nach, die sie der Erde giebt"

Munde derjenigen, die hierselbst ein Ansehen deshalb haben. Daß er aber die critische Philosophie mit glücklichem Erfolg studire, davon überführt mich mein vertrauter Umgang mit ihm, der mir das seltene Glück gewährt, meine Gedanken einer menschlichen Seele mit Wohlgefallen mittheilen zu können.

Künftiges Winterhalbe Jahr werde ich ein Publicum lesen der practischen Philosophie, worauf ich mich herzlich freue, indem ich gewiß viel belehrter es schliessen als ich es anfangen werde.

Ich schliesse hiemit und empfehle mich Ihrer Gewogenheit, der ich mit Hochachtung und Liebe bin        der Ihrige

Beck.

*Auf derselben Seite von Kants Hand 14 Zeilen:*

### Kant.

„Die größte Schwierigkeit ist zu erklären wie ein bestimtes Volumen „von Materie durch die eigene Anziehung seiner Theil[e] in dem Ver„hältnis des Qvadrats der Entfernung inverſe bey einer Abstoßung die „aber nur auf die unmittelbar berührenden Theile (nicht auf die Ent„fernten) gehen kan im Verhältnis des Cubus derselben (mithin des „Volumens selber) möglich sey. Deñ das Anziehungsvermögen komt „auf die Dichtigkeit diese aber wieder aufs Anziehungsvermögen an. „Auch richtet sich die Dichtigkeit nach dem umgekehrten Verhältnis „der Abstoßung d. i. des volumens — Nun frägt sich ob weñ ich eine „Qvantität Materie darin ihre Theile einander in allen Entfernungen nach „obigem Gesetz anziehen aber ders[elben] Zurückstoßung doch größer „ist sich selbst überlaſse ob es eine gewisse Grenze der ferneren Aus„dehnung gebe, da die Anziehung mit der Zurückstoßung im Gleich„gewicht ist oder ob nicht weñ die Zurückstoßung bey einer Dichtigkeit „größer ist als die Anziehung sie es nicht ins Unendliche bey größerer „Ausdehnung bleibe. Die Abnahme nach dem Cubus der Entfernung „aber scheint das erstere zu bestätigen. Nun kan man viele solche „aggregata außer einander denken darin jedes gleichsam einen Dienst „für sich ausmacht und die sich einander anziehen wodurch sie sich „mehr verdichten welche Nähertretung aber von einer gewissen ursprüng-

„lichen Dünnigkeit des Vniverſum durch plötzliche Loslassung geschehen
„eine iñerwährende concusſion zuwege bringen würde wodurch die Ma-
„terie beſtiñte für sich beharrliche Klumpen ausmachen köñten die
„einen Zusameñhang d. i. eine Anziehung haben, die nicht von den
„anziehenden Kräften aller Theile derselben sondern nur von der be-
„rührenden herrührete als im Grunde nicht dem Zug sondern dem Druck
„beyzumessen wäre."

*Die letzte Seite des Briefes ganz dicht beschrieben von Kants Hand
(58—60 Zeilen):*

„Die Kräfte womit jene zwey Körper die Erde anziehen würden
„geben iñer gleiche Geschwindigkeit derselben weil so viel ihre Masse
„größer ist indem sie insgesañt die Erde ziehen sie zwar so viel größere
„Solicitation der Erde eindrücken aber um so viel auch ihre eigene
„Annäherung zur Erde vermindert wird (wegen ihrer größe[rn] Masse)
„mithin iñer dieselbe bleibt so lange das gemeinschaftliche Centrum
„der Schweere von dem Centrum der Erde nur unendlich wenig ent-
„fernt bleibt. — Man muß um den Unterschied der Dichtigkeit zu
„erklären, annehmen daß dieselbe Anziehungskraft einer gegeben[en]
„Qvantität Materie gegen eine unendliche verschiedene Zurückstoßungs-
„kraft wirke, dieser aber das Ge[gen]gewicht (oder die Gegenwirkung
„die zur beſtiñten Einschränkung des Raumes der isolirten Materie)
„nicht leisten köñe ohne vermittelst der Anziehung aufs ganze vniverſum.
„Da aber diese mit den Qvadraten der Entfernung abniñt so würde
„sie durch den Druck der auf solche Weise angezogenen Materie dieses
„Gleichgewicht einer bestehenden Zusameñdrückung nicht leisten weñ
„nicht die Zurückstoßung als wie der Cubus der Entfernung umgekehrt
„abnähme. Hiedurch wird nicht der Zusameñhang (deñ der läßt sich
„durch keine drückende Kräfte erklären) sondern blos der Unterschied
„der Materien ihrer Qvalität namlich der Zurückstoßung nach erklärt;
„den[n] die Zurückstoßung läßt sich ohne eigene Bewegung des Ab-
„stoßenden folglich auch ohne Verschiedenheit der Masse in demselben
„Volumen verschieden denken. Daher die Verschiedenheit der Qvantität
„derselben nur durch Stoß oder Zug und vermittelst eines gemein-

„schaftlichen Maasstabes nämlich den Zug der Erde gemessen werden
„kan und nicht die Mehrheit der Theile ungleichartiger Materien sondern
„ihr Gewicht die Dichtigkeit unter demselben volumen messen kan.

„Die Schwierigkeit ist hier daß man das was sich bewegt in Ge-
„danken haben muß in der Erfahrung aber nur die an einem Ort oder
„von einem Orte aus wirkenden Kräfte, von denen nur ein Grad den
„Raum erfüllt oder die Entfernung des Mittelpuncts der einen Kraft
„von der andern bestimt. Da aber Puncte nicht einen Raum einnehmen
„können (nicht einzelne also auch nicht viele zusamen) so kan man die
„Körper nicht nach der Menge der Theile in Vergleichung mit andern
„der Qvantität der Substanz nach schätzen und dennoch muß man sie
„sich als gleichartig und nur durch die Menge der Theile unter-
„schieden vorstellig machen weil wir auf andere Art kein Verhältnis
„der Massen uns begreiflich machen können.

„Die Qvantität der Materie in demselben Volumen ist nicht nach
„dem Wiederstand der expansiven Kraft gegen die Compression, auch
„nicht nach dem Wiederstande der Attraction eines Fadens durch den
„Schleuderstein gegen die Centrifugalkraft zu schätzen. Das erste
„darum nicht weil eine kleine Qvantität der Materie eben so viel
„Wiederstand durch ausdehnende Kraft leistet als eine große: das
„[andere] darum nicht weil das Volumen nichts in Ansehung der Be-
„wegung eines Körpers von seiner Stelle bestimt. Sondern die loco-
„motive Kraft in einer Wage (bey gleichem Volumen) oder die in der
„Dehnung oder Zusamendrückung eines zusamenhängenden oder elasti-
„schen Körpers und also die Überwältigung eines Moments der todten
„Kraft bey demselben volumen und zwar durch die Bewegungsbestrebung
„des Körpers und aller seiner Theile in derselben Richtung kan das
„Maas abgeben.

„Weil die Erfüllung des Raumes nur durch Räume nicht durch
„Puncte weder durch ihre bloße Nebeneinanderstellung noch aus jedem
„Punct umher in einem Raume verbreitete Kraft in der keine andere
„gleichartige Centralpuncte wären möglich ist so enthält die Undurch-
„dringlichkeit der Materie eigentlich nicht die Substanzen als eine Menge
„außer einander befindlicher für sich bestehender Dinge sondern nur

„einen Umfang von Wirkungen der Dinge ausser einander die in allen
„Puncten eines gegebenen Raumes nicht durch Erfüllung desselben
„gegenwärtig sind. Die Puncte der Anziehung enthalten eigentlich die
„Substanz. Die Anziehungskräfte sind in allen Puncten gleich in jedem
„Puncte aber wird sie (in Vergleichung mit andern) durch das Ab-
„stoßungsvermögen welches in ihm verschieden seyn kan bestimt u.
„desto größer je kleiner die abstoßende Kräfte derselben Materie sind
„mithin die Dichtigkeit der Materie desto größer. — Es ist aber eigent-
„lich nur der Körper so fern er den Raum erfüllt die den Sinen un-
„mittelbar gegebene Substanz. Weil aber dieses Erfüllen selbst nicht
„wirklich seyn würde (es wäre durch die bloße Abstoßung im leeren
„Raum) die Anziehung doch für sich alles in einen Punct bringen
„würde so ist das Maas der Qvantität der Materie die Substanz so fern
„sie anziehend ist weil darin alles iñerlich in einem Punct seyn würde
„und das ausserhalb nicht wieder durch etwas Äußeres sondern zuletzt
„durch das Innere gemessen werden muß dessen äußere Wirkung jener
„äußern gleich ist.

„Weñ in einem Raume keine Zurückstoßungskraft wäre so würde
„auch gar keine Substanz da seyn die da zöge deñ sie würde keinen
„Raum einnehmen. Man könte sich aber doch eine Abstoßungskraft
„die einen Raum erfüllete denken die nicht durch eigne Anziehungs-
„kraft ihrer Theile sondern durch äußern Druck zurückgehalten würde
„obzwar dieses nicht ins Unendliche ginge. Also wird das Volumen
„nur durch Zurückstoßungskraft bestimt. — Weñ wir also die Dichtigkeit
„unterscheiden wollen [*Msc.* worden] so müssen die volumina zuvor als
„durch die Abstoßung bestimt vorgestellt werden. Aber dadurch wird der
„Wiederstand den eine Materie der andern so fern sie von dieser aus
„ihrem Orte bewegt werden soll thut nicht bekañt.[,] Mithin nur durch
„die Anziehung welche die darin enthaltene Materie auf andere ausser ihr
„(die Erde) und dadurch zu ihrer eignen Bewegung (durch die Schwere)
„ausübt. Je größere Zurückstoßung dazu gehört um diese Annäherung
„(zur Erde) zu hindern desto mehr Substanz in demselben Volumen.
„Man muß aber die Anziehung nur als durch die Zurückstoßung ein-
„geschränkt auf ein volumen mithin als an sich gleich denken. Das

„volumen selbst braucht nicht von etwas anderm ausser ihm: es kan
„durch die Anziehung seiner eignen Theile eingeschränkt gedacht
„werden — der Grund davon daß die Abstoßung in einem Volumen
„ohne daß die innern Theile sich ziehen von außen bewirkt werde liegt
„darin daß die Theile sich nicht in der Entfernung abstoßen
„da hingegen sie sich in der Entfernung unmittelbar anziehen könen:
„dagegen ist es unmöglich daß sich die Theile blos in der Berührung
„anziehen sollten weil diese schon eine Zurückstoßung mithin ein volumen
„erfordert mithin keine bloße Fläche voraussetzt.

„Der Grad der Zurückstoßung wird bey gleichartiger Vergrößerung
„des volumens nicht vermehrt, aber wohl der Grad der Anziehung. —
„Weil im ersten die Theile innerhalb eine die andere Bewegung auf-
„heben und die ausdehnende Kraft nur auf der Oberfläche ist, (die Ab-
„stoßung geht nicht qver durch in die Weite) dagegen die Anziehungen
„durch Hinzufügung die äußere Kraft vermehren. Daher ist die ganze
„Kraft der Substanz nach der Anziehung zu schätzen. Sie muß aber
„auch als gleichartig angesehen werden, weil sie für sich gar keine
„Materie geben würde und da sie nur durch die Zusamendrückung be-
„stimt wird diese aber durch das ganze eines volumens allenthalben
„gleich ist, so muß auch die daraus entspringende Dichtigkeit gleich
„seyn. Die Abstoßung aber kan ursprünglich ungleich seyn in einem
„gewissen volumen. Deñ da die Dichtigkeit ins Unendliche muß ver-
„schieden seyn könen dieses aber nicht auf der ursprünglichen Ver-
„schiedenheit der Anziehung beruhen kan muß sie auf der der Abstoßung
„beruhen. Man kan auch so sagen weil die Stärke der Abstoßung auf
„der Verschiedenheit des äußern Zusamendrucks beruht so ist innerlich
„der Grad derselben nicht bestimt kan also nach Belieben größer oder
„kleiner seyn."

*Am oberen Rande:*

„Man kan keinen Grund angeben warum die materie ursprünglich
„eine gewisse Dichtigkeit in einer gegebenen qvantität haben müsse. —
„Man [kann] diese Frage nicht wegen der Anziehung unter einem ge-
„wissen volumen thun deñ daß sie nicht größer ja so gros oder klein ist

„wie man will komt nicht auf sie sondern auf die Zurückstoßung an
„je kleiner diese desto größer die Dichtigkeit aus jener. Die verschiedene
„Dichtigkeit einer gegebenen Qvantität Materie rührt aber nicht von
„dieser ihrer Anziehung deñ die ist zu klein sondern von der des ganzen
„Universi her."

## VIII.
### Beck an Kant.

Halle d. 10$^{\text{ten}}$ November 1792.

Beßter Herr Professor,

Ich habe Ihren freundschaftlichen Brief vom 17$^{\text{ten}}$ October und einige Tage späther auch mein Manuscript zurück erhalten. Sie erlauben mir Ihnen die einige Bogen, worauf die Deduction der Categorien steht, noch einmahl zu schicken. Ich habe sie abschreiben lassen und lege sie hier bey, indem ich Sie ergebenst ersuche, die Freundschaft für mich zu haben, mir zu zeigen, was ich vieleicht nicht nach Ihrem Sinn getroffen haben möchte. Der Druck geht erst gegen Ende des Novembers an und ich werde Ihren Brief noch zeitig genug erhalten, wenn ich ihn nach vier Wochen erhalte.

Der Professor Garve war vor einiger Zeit hier und Herr Pr. Eberhard hat mir einiges von seinen Gesprächen mit ihm, in Beziehung auf die critische Philosophie mitgetheilt. Er sagt, daß so sehr auch Garve die Critick vertheidigt, so habe er doch gestehen müssen, daß der critische Idealism und der Berkleysche gänzlich einerley seyn. Ich kann mich in die Gedankenstimmung dieser achtungswürdigen Männer nicht finden und bin fürwahr! vom Gegentheil versichert. Gesetzt auch daß die Critick der Unterscheidung der Dinge an sich und der Erscheinungen gar nicht hätte erwähnen dürfen, so hätte sie doch zum mindesten erinnern müssen, daß man die Bedingungen unter denen uns etwas ein Gegenstand ist, ja nicht aus der Acht zu lassen habe, weil zu besorgen ist, daß man auf Irrthum gerathe, wenn man diese Bedingungen aus dem Sinne läßt. Erscheinungen sind die Gegenstände der Anschauung und jedermann meynt dieselbe, wenn er von Gegenständen spricht, die ihn umgeben, und eben dieser Gegenstände Daseyn läugnete Berkeley welches die Critick gegen ihn dargethan hat. Wenn man nun eingesehen hat, daß der Raum und die Zeit die Bedingungen der Anschauung [19]) der Gegenstände sind und nun nachsinnt, welches wohl die Bedingungen des Denkens der Gegenstände seyn mögen, so sieht man doch leicht, daß die Dignität, welche die Vorstellungen, in der Beziehung auf Objecte, erhalten, darin bestehe, daß dadurch die Verknüpfung des Mannigfaltigen als nothwendig gedacht wird. Diese Gedankenbestimmung ist aber eben dieselbe, welche die Function in einem Urtheil ist. Auf diesem Wege ist mir der Beytrag den die Categorie zu unserm Erkenntniß thut, faßlich geworden, indem durch diese Untersuchung es mir einleuchtet, daß sie derjenige Begrif ist, durch welchen das Mannigfaltige einer sinnlichen Anschauung als nothwendig (für jedermann gültig) verbunden vorgestellt wird. Einige Epitomatoren haben sich hierüber, soviel ich einsehe, falsch ausgedruckt. Diese sagen: urtheilen heisse objective Vorstellungen verbinden. Ganz was Anderes ist es, wenn die Critick lehrt: urtheilen ist Vorstellungen zur objectiven Einheit des Bewußtseyns bringen, wodurch die Handlung einer als nothwendig vorgestellten Verknüpfung ausgedruckt wird.

Wenn ich von meiner Ueberzeugung darauf schliessen kann, daß ich in meinem Auszuge Ihren Sinn getroffen, dann müßte ich mich beruhigen. An der Darstellung der Deduction der Categorien ist mir vorzüglich gelegen, und eine Musterung derselben von Ihnen, lieber Lehrer, würde mir die wünschenswertheste Sache seyn. Mitlerweile werde ich mich noch selbst über die ganze Ausarbeitung hermachen, um ein so vernünftiges Buch hervorzubringen, als ich es noch vermag.

Nun erlauben Sie mir noch meine neuliche physische Frage zu berühren. Ich habe lange, noch ehe ich recht eigentlich die Critick studirte, in meiner mathematischen Lectüre, den zwar gegebenen, aber mir immer sehr unverständlich vorgekommenen Begrif von Masse, mit dem des Wirksamen vertauscht. Euler giebt nun den bestimmten Begrif von Masse, indem er sie vis inertiae nennt, qua corpus in statu suo perseuerare, quam omni mutationi reluctari conatur, und indem er

---

[19]) *Beck hat zuerst* „Anschauungen" *geschrieben, die Pluralendung* „en" *aber durchstrichen.*

eine verschiedene vis inertiae den Partickeln der Materie giebt, scheint er die ungleichen Gewichte zweyer Körper von gleichem Volumen zu erklären, ohne zu leeren Räumen flüchten zu dürfen. Dagegen scheint es doch auch, daß alle Theile der Materie mit einer gleichen quantitas inertiae versehen seyn, weil die Fallhöhen derselben, in gleichen Zeiten im Widerstandsfreyen Raum gleich sind. Dann aber ist man wohl genöthigt, zu den leeren poris seine Zuflucht zu nehmen um die verschiedenen Gewichte gleicher Volumina sich zu erklären. Ich habe mir auf folgende Art zu helfen gesucht. Man setze die anziehende Kraft der Erde in einer bestimmten Gegend ihrer Oberfläche und gegen ein bestimmtes Volumen, das ich durchweg von Materie erfüllt seyn lasse, sey $= a$; die anziehenden Kräfte zweyer Körper, von einem Volumen das dem vorigen gleich und durchweg erfüllt ist, gegen die Erde seyn $dx$ und $dy$, die ich als Differentiale ansehen kann, weil ich sie im Verhältniß gegen $a$ betrachte. Den Gedanken dieser Kräfte wird man woran knüpfen müssen. Ich knüpfe ihn an die Wege die in der Zeit 1 beschrieben werden. Weil ich nun die wechselseitige Anziehung dieser Körper gegen die Erde und die Erde gegen sie, im Sinn habe, so kann ich die Kräfte addiren und sagen, daß die Erde den einen Körper anziehe mit der Kraft $a + dx$, den andern mit $a + dy$. Daraus aber folgt, daß die Fallhöhen beyder Körper im Widerstandsfreyen Raum gleich seyn müssen, weil das Verhältniß von $a + dx : a + dy$ ein Verhältniß der Gleichheit ist. Aber an der Wage, würde sich $a$ gegen $a$ aufheben und es würde das Verhältniß bleiben wie $dx : dy$ welches allerdings ein Verhältniß der Ungleichheit seyn kann, wenn gleich $a + dx : a + dy = 1 : 1$. Sollte ich auf eine grobe Art mich irren, so bitte ich Sie mir es schon nachzusehen.

Hartknoch hat mich durch den Buchdrucker Grunert bitten lassen, die Anzeige von meinem Buch in der Literaturzeitung zu besorgen. Nun kann es weder ihm noch mir gleichgültig seyn, ob in dieser Anzeige es erwehnt wird, daß Sie um diese Schrift wissen, da der Auszüge aus der Critick unter vielerley Titeln so viele sind, daß auf eine blosse Anzeige unter meinem Namen auch ganz und gar nicht geachtet werden möchte. Es könnte der Fall seyn, daß Sie es mir erlauben wollten, Ihren Namen in der Anzeige zu nennen. Wenn das ist, dann ersuche ich Sie so gütig zu seyn, mir die Worte anzugeben, die auf Sie Beziehung haben sollen. Ich möchte dieser Schrift den Titel geben: Erläuternder Auszug aus den critischen Schriften des Herrn Pr. Kant und zum zweyten Bande desselben, den Auszug aus der Critick der Urtheilskraft und eine erläuternde Darstellung der metaphysischen Anfangsgründe der Naturwissenschaft bestimmen. Was meynen Sie dazu?

Ich bin übrigens mit der größten Hochachtung und Liebe
der Ihrige
Beck

## IX.
### Beck an Kant.

Halle den 30ten April 1793.

Theuerster Lehrer,

Ich bin mit dem Druck des ersten Bandes meines Auszugs fertig und ich werde das Vergnügen haben, Ihnen ein Exemplar mit den nach Königsberg gehenden Meßwaaren zu überschicken. Herr Hartknoch setzte mich aber vor einiger Zeit durch eine Bitte in einige Verlegenheit. Er wollte auf dem Titel gesetzt wissen, daß Sie um meine Arbeit etwas gewußt haben, um sie dadurch den Buchhändlern auf der Messe zu empfehlen. Er schrieb mir, daß Sie ihm dieses mündlich zugestanden hätten. Ich wollte deshalb an Sie schreiben; aber es sahe mir nach Zudringlichkeit aus, und ich unterließ es. Das Wort: mit Ihrer Bewilligung, schien mir bedeutungsleer; das aber: mit Ihrer Billigung, wäre nicht allein widerrechtlich gewesen, sondern ich hätte Sie auch damit compromittiren können. Ich habe auf das Titelblatt gesetzt: auf Ihr Anrathen. Ich habe hin und her überlegt, ob ich auch damit etwas Ihnen Mißfälliges thue, aber keinen Grund dazu auffinden können, weil, wenn sogar das Publicum mein Buch für schlecht halten sollte, auf Sie nichts weiter fallen kann, als daß Sie in der Wahl des Subjects, das Sie dem Hartknoch vorgeschlagen, sich geirrt haben. Den Brief aber, worin mir dieser Mann schreibt, daß Sie, so etwas auf den

Titel zu setzen ihm bewilligt haben, habe ich in Händen und kann deshalb mich bey Ihnen rechtfertigen. Vieleicht sage ich unnützerweise darüber soviel; es kömmt aber lediglich daher, weil ich nicht will, daß Sie einigen Unwillen gegen mich, haben.

Und nun, mein Theuerster Lehrer, danke ich Ihnen für die Güte, daß Sie diese Arbeit mir wirklich zugewandt haben. Denn nicht allein, daß meine äussere Umstände dadurch sehr sind verbessert worden; so habe ich mir sehr viel mehr Einsicht in die critische Philosophie, als ich vorhin hatte, und eine sehr gegründete und starke Ueberzeugung davon verschaft. Diese Philosophie ist mein größtes Gut und in der gegenwärtigen Beschäftigung mit ihr, erkenne ich mehr als jemals die wichtige Wohlthat, die Ihre Bearbeitungen der Menschheit erweisen und preise mich glücklich, weil ich in dieser Periode und in Umständen lebe, da ich daran Antheil nehmen kann. Dieses Geständniß einer Seele, die so spricht wie sie denkt, erlauben Sie mir, Ihnen zu machen, und mich dadurch gewissermassen von einer Last zu entledigen: Es gehört nur ein unermüdetes Nachdenken dazu, um Ihren Sinn richtig zu fassen und sich sodann auch davon zu überzeugen, wozu der Muth keinem Menschen entfallen darf, und zwar wegen der Verwandschaft dieser Wissenschaft mit der Mathematick, in dem Puncte, daß die Sache doch nicht ausser uns liegt. Die Beschäftigung mit der Critick der Urtheilskraft, giebt mir einen abermaligen Beweis davon. Ehe ich die Feder ansetzte, habe ich sie mehrmals durchgelesen und durchgedacht. Die vielen Schwierigkeiten die ich anfänglich antraf, verschwinden mir zusehens. Ich nehme mir die Freyheit Ihnen mein Manuscript, welches den Auszug der Einleitung und der Exposition eines reinen Geschmacksurtheils enthält, zu überschicken, und bitte Sie, die Freundschaft für mich zu haben, die Einleitung anzusehen und die Stellen zu bemerken, wo ich Ihren Sinn dürfte verfehlt, oder wenigstens nicht deutlich dargestellt haben. Sie erlauben mir aber wohl, Sie an das Versprechen zu erinnern, das Sie mir in Ihrem letzten Briefe thaten, mir zur Benutzung ein Paar Manuscripte zuzuschicken, eins, welches die Critick der Urtheilskraft und ein anderes welches die Metaphysick der Natur angeht. Sie sind so gütig gewesen, mir ein Exemplar der

neuen Auflage Ihrer Critick der Urtheilskraft, durch Herrn La garde zuschicken zu lassen, wofür ich Ihnen ergebenst danke, und mit innigster Hochachtung bin
der Ihrige
Beck.

N. S. Die im vorigen Jahr Ihnen zugeschickte Abschrift meines Manuscripts, war mit der reitenden Post nach Königsberg gegangen und dieses konnte nach einem Mißbrauch Ihrer Güte aussehen. Den [sic] Fehler den ich dabey begangen, war aber eigentlich der, daß ich mich nicht genau auf dem hiesigen Postamte erkundigte, wenn eigentlich von Berlin aus, die fahrende Post abgeht, da von Halle aus, keine andere als die fahrende abgeht. In dieser Rücksicht bitte ich, über die begangene Unart nicht zu schelten. Ein Mensch, dem ich das beykommende Manuscript zum Abschreiben gegeben, hat mich getäuscht, und ich muß es so schicken, wie ich es geschrieben habe. Ich glaube aber doch, daß Sie die Einleitung leserlich finden werden, und eigentlich liegt mir nur daran, daß Sie die Güte haben möchten, diese zu lesen.

## X.
Beck an Kant.

Halle den 24$^{\text{ten}}$ August 1793.

Sehr Theurer Lehrer,

In meinem Auszuge aus Ihrer Critick der Urtheilskraft bin ich bis zu der Dialectick der teleologischen Urtheilskraft gekommen. Eine Folge von der sehr grossen Deutlichkeit, mit der ich diese Materie einsehe, und der sehr festen Ueberzeugung die ich davon habe, ist die gewesen, daß ich lange Ihnen mit meinen Briefen nicht habe beschwerlich seyn dürfen. Auch ist das Licht, welches das Studium dieser Critick der Urtheilskraft auf die Transcendentalphilosophie überhaupt und auf die Critick der practischen Vernunft für meine Augen zurückgeworfen hat, beträchtlich. Erlauben Sie mir, Ihnen sagen zu dürfen, daß meine Seele, noch nie einem Gelehrten sich so verbunden gefühlt hat, als Ihnen, ehrwürdiger Mann. Ich habe seit der Zeit, da ich Ihren mündlichen Vortrag anhörte, sehr viel Vertrauen zu Ihnen gehabt; aber ich gestehe auch, daß bey den Schwierigkeiten die mich lange gedrückt haben, dieses Vertrauen öfters zwischen dem zu Ihnen, und dem, zu mir selbst gewankt hat. Mein ziemlicher Fortgang in der Mathematick, und die so vielfach fehlgeschlagenen Versuche in der Philosophie, mancher berühmten Männer, war mir nämlich ein Grund nicht alle Zuversicht zu mir selbst aufzugeben. Von der andern Seite aber mußte ich nothwendig denken, daß das Loos des Menschen das betrübteste seyn müßte, wenn er nicht einmahl mit sich selbst fertig werden könnte, und sich selbst, von dem, was er dächte, nicht völlige Rechenschaft ablegen könnte. Ich habe daher Ihre Schriften immerfort sorgfältig studirt, und ich darf es jetzt sagen, weil es wahr ist, daß die dadurch erlangte innige Bekanntschaft mit denselben, mich mir selbst bekannt gemacht hat. Was wohl einem vernünftigen Wesen, das wünschenswürdigste Gut seyn muß, das hat mir Ihre Philosophie gewähret. Denn ich bin durch sie aufmerksam gemacht und belehrt worden, in Ansehung des vielbedeutenden Unterschiedes zwischen denken und erkennen, zwischen dem: mit Begriffen spielen, und Begriffe haben objective Gültigkeit, und was mehr, als alles ist, ich habe die die [sic] Verknüpfung die wir im Sittengesetz denken, die man sich so gern als analytisch vorstellen mag, um wahrscheinlich dadurch nicht allein sich das Nachdenken zu erleichtern, sondern dem Willen auch einen, obwohl der practischen Vernunft sehr heterogenen Sporn zu geben, als synthetisch ansehen gelernt. Die eigentliche Ursache aber, warum so viele sonst sehr berühmte Männer, ihren Beyfall der critischen Philosophie immerfort versagen, liegt meiner Meynung nach wohl darin, daß sie sich nicht aufmerksam wollen machen lassen, auf den mächtigen Unterschied zwischen denken und erkennen. In ihrer Sprache sind alle diese Ausdrücke entweder gleichgeltend, oder sie legen ihnen nach ihrer Art einen Sinn unter, welches ihnen auch wohl immer, wenn der Sprachgebrauch es leidet, freystehen mag, wenn dabey nur die Sache selbst, die wichtigste für einen Mann, dem es um reeller Wahrheit, und nicht um ein Gedankenspiel zu thun ist, verlohren gienge. Ich habe auch gemerkt, daß auch viele von den Freunden der Critick, den ganzen Gehalt einer Transcendentalphilosophie, und insbesondere einer transcendentalen Logick nicht gut in Ueberlegung nehmen, indem sie die allgemeine Logick von ihr, bloß durch den Ausdruck: sie abstrahire von den Gegenständen, unterscheiden, welcher Begriff aber doch die nähere Bestimmung, daß die allgemeine Logick eigentlich die objective Gültigkeit der Vorstellungen bey Seite setze, und diese Untersuchung der transcendentalen Logick überlasse, verlangt.

Seit einiger Zeit habe ich auch Ihre metaphysische Anfangsgründe der Naturwissenschaft wieder durchzudenken angefangen. In der Phoronomie und Dynamick habe ich keinen Anstoß genommen. Aber in der Mechanick stoße ich an etwas, welches ich nicht mir wegzuräumen weiß und auf die folgende Theorie mir ein unangenehmes Dunkel wirft. Es ist der Begriff der Quantität der Materie. Ihre Definition lautet: (S. 107) Die Quantität der Materie ist die Menge des Beweglichen in einem bestimmten Raum. Ich weiß eigentlich nicht, wie Sie dieses Bewegliche verstehen, ob dynamisch oder mechanisch. Mechanisch kann es nicht verstanden seyn, weil die Materie mechanisch betrachtet, bloß als Maaß der Quantität der Materie (nach dem ersten Lehrsatz) gesetzt wird, diese letzte demnach doch eben sowohl von der Materie, sofern sie bewegende Kraft hat, verschieden seyn muß, als ein Winkel von dem Cirkelbogen, der ihn mißt. Dynamisch kann ich diesen Begriff auch nicht nehmen, weil die Quantität der Materie als unveränderlich soll gedacht werden, wenn gleich die Ausdehnungskraft verschieden gesetzt würde. In der nämlichen Definition sagen Sie: die Grösse der Bewegung ist diejenige, die durch die Quantität der bewegten Materie und ihre Geschwindigkeit zugleich geschätzt wird, und in dem gleich darauf folgenden Lehrsatz wird doch bewiesen, daß die Quantität der Materie lediglich durch die Grösse der Bewegung geschätzt werde.

Ich weiß recht wohl daß die ganze Ursache dieser Unverständlichkeit in meinem Kopfe liege. Aber aller Unwille deshalb gegen mich selbst, räumt sie mir nicht aus dem Wege. Ich bitte Sie, theurer Lehrer, auf die inständigste Weise mich hierüber zu belehren. Ihnen einige Beschwerde zu machen, ist mir sehr unangenehm; aber da ich mir wirklich hierin nicht recht helfen kann, so muß ich meinen Wunsch gestehen, daß Sie sich entschließen möchten, mir hierauf bald zu antworten.

Klügel hat in mathematischer Rücksicht mich [sic] manchmahl ausgeholfen. Aber aus seinem Gespräche bin ich genöthigt zu schließen, daß er über die Principien der reinen Naturwissenschaft, niemals gehörig nachgedacht habe.

Der M. Rath der die Critick ins Lateinische zu übersetzen, sich erboth, that dem Buchhändler Hartknoch den Antrag, Verleger von dieser Arbeit zu werden. Vor etwa 5 Wochen schrieb ihm Hartknoch, daß der Prof. Heydenreich in Leipzig ihm auch einen Mann für diese Uebersetzung vorgeschlagen habe, und daß er, aus Achtung für das Publicum genöthigt sey, eine vernünftige Wahl zu treffen. Er bath ihn, ihm eine Probe von seiner Arbeit zu überschicken, wie dann darum auch der andere Gelehrte darum ersucht werden sollte, und beyde Proben sollten dann einem, beyden unbekannten, fähigen Richter zur Entscheidung vorgelegt werden. Anfänglich war Rath hiezu entschlossen. Jetzt aber weiß ich nicht, was ihn bedenklich macht den Vorschlag anzunehmen. Mir thut dieses leid, weil ich nicht glaube, daß viele mit dem reinen wissenschaftlichen Interesse Ihre Schriften studiren, so wie mein Freund, und weil ich geneigt bin, zu zweifeln, daß jener mir fremde Mann, auch so gut den Sinn der Critick treffe[n] werde, als er. Indessen kann ich nicht einsehen, daß Hartknoch fehle, und ich will, so gut ich kan[n meinen] Freund zu dem Entschluß, auch seine Probe einzuschicken, zu bewegen suchen.

Vor einiger Zeit las ich in Krusii Weg, zur Gewisheit und Zuverlässigkeit, veran[laßt durch] Herrn Schmidts Lexicon und zu meinem Verwundern habe ich (§ 260) die Unterscheidung der ana[l]ytischen und synthetischen Urtheile weit deutlicher darin gefunden, als in der von Ihnen citirten Stelle des Locke. Denn ob er gleich, meiner Meynung nach, keine Einsicht in das Princip der synthetischen Erkenntnisse a priori, verräth, so enthält doch diese Stelle wenigstens so viel, daß ein nachdenkender Leser wohl aufmerksam auf ihre Wichtigkeit dadurch gemacht werden könnte, indem Krusius gradezu diese Synthesis als die Grundlage der Realität unserer Begriffe andeutet.

Sie haben auch die Güte gehabt, mir ein Exemplar Ihrer Religion in den Grenzen der Vernunft überschicken zu lassen. Ich danke Ihnen ergebenst dafür. Ich muß aber leider noch einige Zeit verfliessen lassen, ehe ich sie so ganz eigentlich zu studiren werde unternehmen können.

Leben Sie wohl, mein Theurer Lehrer. Ich wünsche daß die Vorsehung Sie uns noch lange, und gesund, erhalten wolle, und bin mit der reinsten Achtung
der Ihrige<br>Beck.

Daß Herr Rath Reinhold einen Ruff nach Kiel erhalten habe, wird er vieleicht Ihnen schon geschrieben haben. Er soll ihn auch, wie man sagt, angenommen haben.

*[Adresse:]* An
    Herrn Professor Kant
        in
durch Einlage.     Königsberg.

## XI.
### Beck an Kant.

Halle den 16ten September 1794.

Verehrungswürdiger Lehrer,

Hierbey erhalten Sie ein Exemplar vom zweyten Bande meines Auszugs aus Ihren critischen Schriften, welches Sie von mir anzunehmen so gütig seyn wollen. Daß ich Ihnen für diese ganze mir übertragene und jetzt vollendete Arbeit sehr verbunden bin, das will ich Ihnen nicht weiter sagen. Ich hätte gewünscht daß die Reife der Einsicht in diese philosophische Angelegenheiten, und gewissermassen die Gewandheit, die ich allererst in dieser Arbeit in einigem Grade erlangt habe, mir schon vor derselben beschert gewesen wäre; so würde ich derselben mehr Vollkommenheit gegeben und sie dem etwas viel versprechenden Titel eines erläuternden Auszuges, entsprechender gemacht haben. Während dieses ganzen Geschäftes habe ich meinen Blick auf das eigentliche Transcendentale unserer Erkenntniß, immer wieder zurückgewandt und diesen Punct so scharf zu fassen gesucht, als ich nur immer konnte. Hierdurch bin ich inne geworden, daß die Möglichkeit der Erfahrung, sofern dieselbe den wahren transcendentalen Standpunct selbst ausmacht, ganz was Anderes ist, als diejenige bloß abgeleitete, discursive Vorstellung der Möglichkeit der Erfahrung, die ein bloßes, und grossentheils unverständliches Hypothesenspiel ist, das zu tausend Fragen Anlaß giebt. Mit Ihrer Critik, Fürtreflicher Mann, ist es fast so bewandt, wie mit der Astronomie, insbesondere der physischen. Man wird so oft darin hin und hergeworfen, daß man lange Zeit nicht weiß, woran man ist. Allererst wenn man den eigentlichen Standpunct der Transcendentalphilosophie erreicht hat, und so den Geist Ihrer synthetischen objectiven Einheit des Bewußtseyns in seine Denkart gleichsam übertragen, und sich in die Handlungsweise der ursprünglichen Beylegung (der Synthesis nach den Categorien) und der ursprünglichen Anerkennung (des transcendentalen Schematismus) gewissermassen versetzt hat, ist man im Stande die Critik von ihrem Anfange bis zu ihrem Ausgange zu fassen und sie zu übersehen, und sonach ist man wahrhaftig erst im Stande, so simpel es auch sehr vielen scheinen mag, zu wissen was ein Erkenntniß a priori und a posteriori heisse. In dem Briefe den Ihnen Hartknoch wird überbracht haben, schrieb ich Ihnen daß ich an einer Schrift arbeite, in der ich diesen transcendentalen Standpunct etwas hervorheben will. Da habe ich nun folgende Gegeneinanderstellung im Kopfe. Ich will zeigen, wie nicht allein alle Mißverständnisse der Critik, sondern auch alle Verirrungen der Vernunft überhaupt ihre Quelle darin haben, daß man eine Verbindung zwischen der Vorstellung und ihrem Gegenstande annimmt, die selbst Nichts ist, und nachdem ich nun diese vermeyntliche Erkenntniß der Dinge an sich in ihrer ganzen Leerheit, werde dargestellt, und ganz besonders, obzwar mit aller Bescheidenheit werde gezeigt haben, daß die meisten Ausleger der Critik, ob sie gleich dieselbe unterschreiben, sich dieses Vorurtheils noch gar nicht entschlagen haben; und indem sie so an der bloß abgeleiteten Vorstellungsart hängen, der Frage des Sceptikers: was verbindet meine Vorstellung von einem Gegenstande, mit diesem Gegenstande? nimmermehr ausweichen, so werde ich in der Auseinandersetzung der ursprünglichen Vorstellungsart im Gegensatze zeigen, worin denn die Verbindung liege, und folglich was die ganze Behauptung der Critik: Wir erkennen die Dinge bloß als Erscheinungen, sage, zeigen.

Ich habe sehr viel auf dem Herzen, was ich Ihnen von meinen nunmehr etwas fester gewordenen Einsichten in Ihre unsterbliche Critik gern sagen möchte. Aber meine Briefe mögen Ihnen vieleicht lästig seyn und ich schliesse daher mit der einzigen Bitte daß Sie mich in freundschaftlichem Andenken behalten wollen.

Beck.

An
Herrn Professor Kant
in
durch Einschluß. Königsberg.

## XII.
### Beck an Kant.

Hochachtungswürdiger Lehrer,

Die Versäumung meines Druckers macht es, daß der zweyte Band von meinem Auszuge erst zur Michälis Messe fertig werden wird. Die Anfangsgründe zur Metaphysiek der Natur habe ich mir sehr deutlich aufgewickelt. Mein letzter Brief an Sie, konnte Ihnen vieleicht eine schlimme Vermuthung in Ansehung meiner Bearbeitung beygebracht haben. Denn da ich mir das, warum ich Sie fragte, selbst nicht deutlich dachte, so kam es, daß ich auch ganz unverständlich fragen mußte. Im ganzen Ernst, ich habe mich in Ihre Entwickelung sehr genau hineinstudirt, und ich meyne daß Sie so urtheilen werden, wenn Sie mein Buch ansehen werden.

Schätzungswürdiger Mann, ich bin auf die Idee zu einer Schrift gestoßen, die ich Ihnen hier ganz kurz vorlegen, und dabey bitten will, Ihre wahre Meynung deshalb meinem Verleger zu sagen.

Sie führen Ihren Leser in Ihrer Critick der reinen Vernunft, allmählig, zu dem höchsten Punct der Transcendentalphilosophie. nämlich zu der synthetischen Einheit. Sie leiten nämlich seine Aufmerksamkeit, zuerst auf das Bewußtseyn eines Gegebenen, machen ihn nun auf Begriffe, wodurch etwas gedacht wird, aufmerksam, stellen die Categorien anfänglich auch als Begriffe, in der gewöhnlichen Bedeutung vor, und bringen zuletzt Ihren Leser zu der Einsicht, daß diese Categorie eigentlich die Handlung des Verstandes ist, dadurch er sich ursprünglich den Begriff von einem Object macht, und das: ich denke ein Object, erzeugt. Diese Erzeugung der synthetischen Einheit des Bewußtseyns habe ich mich gewöhnt, die ursprüngliche Beylegung zu nennen. Sie ist die Handlung, unter andern, die der Geometer postulirt, wenn er seine Geometrie von dem Satze anfängt: sich den Raum vorzustellen, und welcher er mit keiner einzigen discursiven Vorstellung gleich kommen würde. So wie ich die Sache ansehe, so ist auch das Postulat: durch ursprüngliche Beylegung sich ein Object vorstellen, das höchste Princip der gesammten Philosophie, auf welchem die allgemeine r. Logik und die ganze Transc: Philosophie beruht. Ich bin daher fest überzeugt, daß diese synthetische Einheit, derjenige Standpunct ist, aus welchem, wenn man sich einmahl seiner bemächtigt hat, man nicht allein in Ansehung dessen, was wohl ein analytisches und synthetisches Urtheil ist, sondern was wohl überhaupt, a priori und a posteriori heissen mag, was das sagen wolle, wenn die Critick die Möglichkeit der geometrischen Axiome darin setzt, daß die Anschauung die man ihnen unterlegt rein sey, was das wohl ist, was uns afficirt, ob das Ding an sich, oder ob damit nur eine transc: Idee gemeynt sey, oder ob es nicht das Object der empirischen Anschauung selbst, die Erscheinung sey, und ob wohl die Critick im Cirkel gehe, wenn sie die Möglichkeit der Erfahrung zum Princip der synthetischen Urtheile a priori mache, und doch das Princip der Causalität in den Begriff dieser Möglichkeit verstecke, ich sage, daß man von alle diesem, ja von dem discursiven Begriff: Möglichkeit der Erfahrung selbst allererst dann, vollendete Erkundigung erhalten kann, wenn man sich dieses Standpuncts vollkommen bemeistert hat, und daß, so lange man diese Möglichkeit der Erfahrung nur noch immer selbst bloß discursiv denkt, und nicht die ursprünglich beylegende Handlung, eben in einer solchen Beylegung selbst verfolgt, man so viel wie nichts einsieht, sondern wohl eine Unbegreiflichkeit in die Stelle einer andern schiebt. Ihre Critick aber führt, wie ich sage, nur nach und nach, ihren Leser auf diesen Standpunct und da konnte nach dieser Methode, sie gleich anfänglich, als in der Einleitung, die Sache nicht vollkommen aufhellen, und die Schwierigkeiten die dabey sich aufdecken, sollten den nachdenkenden Mann zum beharrlichen Ausdauern locken. Weil aber die wenigsten Leser sich jenes höchsten Standpuncts zu bemächtigen wissen, so werfen sie die Schwierigkeit auf den Vortrag, und bedenken nicht, dass sie der Sache anklebe, die sich gewiß verliehren würde, wenn sie einmahl im Stande wären, die Forderung zu überdenken, die synthetische Einheit des Bewußtseyns hervorzubringen. Ein Beweis aber, daß die Freunde der Critik doch auch nicht recht wissen, woran sie sind, ist schon das, daß sie nicht recht wissen, wohin sie den Gegenstand setzen sollen, welcher die Empfindung hervorbringt.

Ich habe mir daher vorgenommen, diese Sache, wahrlich doch die Hauptsache der ganzen Critik, recht zu betreiben, und arbeite an einem Aufsatz, worin ich die Methode der Critik umwende. Ich fange von dem Postulat der ursprünglichen Beylegung an, stelle diese Handlung in den Categorien dar, suche meinen Leser in die Handlung selbst zu versetzen, in welcher sich diese Beylegung an dem Stoffe der Zeitvorstellung ursprünglich offenbart — Wenn ich nun so glaube meinen Leser gänzlich auf die Stelle gesetzt zu haben, auf der ich ihn haben will, so führe ich ihn zur Beurtheilung der Critick d. r. V. in ihrer Einleitung, Aesthetik und Analytik. Sodann will ich ihn die vorzüglichsten Einwürfe, beurtheilen lassen, insbesondere die des Verfassers des Aenesidemus.

Was urtheilen Sie wohl davon? Ihr Alter drückt Sie und ich will Sie gar nicht bitten, mir hierauf zu antworten, obwohl ich gestehen muß, daß Ihre Briefe mir die kostbarsten Geschenke sind. Aber darum bitte ich Sie, daß Sie die Freundschaft für mich haben wollen, Ihre wahre Meynung darüber meinem Verleger zu sagen. Denn er wird sich darnach bestimmen. Es versteht sich aber wohl von selbst, daß ich nichts Anders wollen kann, als daß Sie ihm gerade heraussagen, was Sie von diesem Project halten, ob eine solche Schrift, von mir bearbeitet, für das Publikum nützlich ausfallen dürfte.

Auch seyn Sie so gütig, mich zu entschuldigen, wenn ich etwas zu behauptend Ihnen scheinen möchte. Ich muß diesen Brief auf der Post dem Hartknoch nachschicken, und die Post will abgehen, daher ich etwas flüchtig schreiben mußte. Behalten Sie Ihre Gewogenheit für

Ihren

Halle

d. 17$^{\text{ten}}$ Juny 1794.

Sie verehrenden

Beck.

## XIII.
### Beck an Kant.

Halle den 17ten Juny 1795.

Verehrungswürdiger Lehrer,

Herr Prof. Jakob bietet mir eine Gelegenheit an, einen Brief an Sie zu bestellen, die ich sehr gern ergreife, weil ich mich versichert halte, daß Sie freundschaftlich gegen mich gesinnt sind, und aus diesem Grunde, Nachrichten die mich betreffen, mit einigem Interesse, aufnehmen werden.

Die erstern Jahre meines Auffenthalts in Halle, waren von mancherley Kümmernissen begleitet. Jetzt aber wird derselbe von Tage zu Tage heiterer. Ich habe hier viele und herzliche Freunde und nachdem ich bald fünf Jahre lang den hiesigen Studirenden ein wahrer obscurus war, so bin ich jetzt in ziemlichem Beyfall als academischer Docent. Von der Schule, auf der ich so lange lebte, habe ich in diesem Frühjahr mich frey gemacht und lebe jetzt ganz dem academischen Unterricht. Ich war dem Graf Keyserling 100 Thlr. schuldig, womit er mich vor fünf Jahren unterstützte, und diese habe ich jetzt schon abgetragen. Ihnen, Fürtreflicher Mann, verdanke ich meine bessere Lage; denn Sie haben mir dazu die Hand geboten.

Künftige Michälismesse kömmt ein dritter Theil zu meinem Auszuge zum Vorschein, welche Schrift, auch besonders unter dem Titel: einzig möglicher Standpunct, aus welchem die critische Philosophie beurtheilt werden muß, erscheinen wird. Sobald sie fertig gedruckt seyn wird, werde ich mir die Freyheit nehmen Ihnen ein Exemplar zu überschicken. Ich habe Ihnen von diesem Plan, schon einmahl was, geschrieben. Meine ganze Absicht ist, zu zeigen, daß die Categorien der Verstandesgebrauch selbst sind, daß sie allen Verstand, und alles Verstehen ausmachen, und daß der wahre Geist der critischen Philosophie, die das Publicum Ihnen verdankt, darin besteht, daß dieselbe an ihrer Transcendentalphilosophie, die Kunst sich selbst zu verstehen aufgestellt habe. Dieses: sich selbst verstehen, ist in meinen Augen, der oberste Grundsatz aller Philosophie, und ich bin versichert, daß nur demjenigen, der dieses wohl vornimmt, Ihre critische Werke aufgeschlossen seyn können. — Möchte die Vorsehung Sie noch lange im Leben erhalten. Erhalten Sie Ihre Gewogenheit gegen mich Ihren

*Adresse mit Siegel:*
An
Herrn Professor Kant
in
durch gütige Bestellung. Königsberg.

Ihnen ergebenen
Beck.

## XIV.
### Kant an Beck. [20])

Werthester Freund!

Sie haben mich mit verschiedenen Ihnen Ehre bringenden Schrifften, zuletzt noch mit dem Grundrisse der crit. Phil., beschenckt und ich mache mir darüber Vorwürfe, die in Ihren Briefen an mich gerichtete Anfragen, Entwürfe und Nachrichten, so angenehm sie mir auch allemal waren, durch keine Antwort erwiedert zu haben. — Werfen Sie immer die Schuld auf die Unbehaglichkeit meines Alters, dessen übrigens sonst ziemliche, Gesundheit doch nicht, wie bei einem Kaestner, durch körperliche Stärke unterstützt wird und mich, da ich immer beschäftigt seyn muß, durch seine Launen unaufhörlich abzubrechen und mit Beschäftigungen zu wechseln nöthigt.

Man hat mir versichert, daß Sie provisorisch vom Petersburgischen Hofe einen Ruf auf die in Curland zu errichtende Universität hätten. Verhält sich dieses so, so würde ich mich, auch Meinentwegen, freuen, eine Gelegenheit zu finden, die es mir erleichterte unsere beyderseitige Ideen, Entwürfe und Fortschritte wechselseitig mitzutheilen. — Ein Gedanke des Hrn. Hindenburg, den Sie mir mitzutheilen die Güte hatten, ist mir zwar sehr schmeichelhaft, was das Zutrauen betrifft, übersteigt aber meine mathematische Kenntnis viel zu weit, als daß ich die Anwendung der Combinationsmethode auf die Philosophie auch nur versuchen sollte.

---

[20]) Der Originalbrief besteht aus einem Quartblatt und befindet sich im Besitze des Prof. Erdmann in Halle, der ihn mit einem Exemplar der Kritik d. r. Vernunft (1. Aufl.), welches aus der Beck'schen Bibliothek stammt, erworben hat. Abschrift verdanke ich Dr. Karl Kehrbach.

Herren Prof. Jacob bitte gelegentlich, neben meiner besten Empfehlung, für die Uebersendung seiner Annalen den ergebensten Dank abzustatten. Weñ ich nur etwas zur Erwiederung dieser Güte thun könte!

Mit der größten Hochachtung und Ergebenheit bin ich jederzeit

Königsberg
d. 19. Nov. 1796.

Der Ihrige
I. Kant.

*Adresse:* An Herrn
   Magister Beck
     in
   Halle.

## XV.
## Beck an Kant.

Halle d. 20$^{\text{ten}}$ Juny 1797.

Hochachtungswürdiger Mann,

Ich kann es mir wohl denken, wie ein Mann, der, indessen er dem Ziel sich nähert, zu seinen Vätern zu gehen, sich bewußt ist, ein großes Gut der Nachwelt zu hinterlassen, wornach alle Vorwelt, als nach der interessantesten Angelegenheit, so lange und doch so vergeblich gerungen hat, bey der Nachricht daß diese Wohlthat in Gefahr gesetzt worden, unmöglich gleichgültig seyn könne. So wie ich Sie, Herrlicher, Weiser Mann kenne, so bin ich versichert, daß Sie Ihres innern großen Werths sich bewußt, über die Nachricht, daß ein Fremder Ihre Arbeiten und wichtige Entdeckungen sich zugeeignet habe, sich wohl wegsetzen würden; aber daß ein böser Feind Unkraut unter Ihren Weizen gesäet habe, daß das Gut selbst, das Sie gegründet haben, verdorben, und, wie Herr Hofprediger Schultz sich ausdrückt, in der Wurzel angegriffen worden, das kann der tugendhafte Mann unmöglich mit gleichgültigen Augen ansehen. Ich eile Ihnen diese Besorgniß zu benehmen, indessen ich mich herzlich freue, diesmahl von der mir interessantesten Sache, unmittelbar und ohne Beystand eines Referenten, mit meinem grossen Lehrer mich unterhalten zu können, wenn es gleich mir allerdings wehe thut, jene unangenehme Empfindungen bey Ihnen veranlast zu haben.

Sie wissen es wohl aus eigener Erfahrung, daß in den sehr schweren transcendentalphilosophischen Untersuchungen, man nur durch vielfach wiederholtes und scharfes Nachdenken endlich dahin kommt, sich selbst vollkommen verständlich zu seyn, und daß, bevor man diesen Zustand erreicht hat, es auch nicht gut thunlich ist, andern verständlich zu werden. Wenn nun Herr Hofprediger Schultz in meinen unter dem Titel, die critische Philosophie erläuternden, ihren wahren Standpunct darstellenden Schriften, so viel gerade auf den Umsturz derselben gerichtete Momente erblickt, daß ich gar fast glaube, der würdige, gute, mir sonst sehr liebe Mann möchte mich vieleicht für den tückischen Feind derselben halten, der unter der Maske der Anhänglichkeit auf ihren Ruin ausgeht, wie ich geneigt bin zu glauben, daß er manchen vorgeblichen Freund der christlichen Religion für den boshaftesten Wiedersacher derselben hält, so dürfte dieses wenigstens wohl ein Beweis a posteriori seyn, daß ich in meinen Schriften, ob ich gleich darin den Boden aller Verständlichkeit ebenen und bearbeiten wollte, ich mich doch selbst noch nicht recht wohl darin verstanden habe. Mit menschlichen Arbeiten geht es aber nun einmahl nicht anders, als daß sie unvollkommen ausfallen und ein Transcendentalphilosoph kommt nur nach und nach dahin, die Principien zu allen objectiv gültigen Begriffen selbst auf Begriffe zu bringen und sie dann, weil er sich dann selbst nicht mehr mißversteht, auch andern so mitzutheilen, daß sie ihn verstehen können. Ich glaube daher gar nicht mich schämen zu dürfen, wenn ich frey bekenne, daß seit den anderthalb Jahren, da ich mit meinem Grundriß fertig wurde, seit welcher Zeit ich jede Gelegenheit ergrif, die meine wissenschaftliche Arbeiten mir anboten, um mein Auge auf das Object der Transcendentalphilosophie fallen und darauf ruhen zu lassen, daß seit dieser Zeit, ich in vielen Stellen die Sache besser als vorhin getroffen habe, und daß noch ehe ich Ihren Brief erhielt, ich mir schon vorgenommen hatte, Retractationen meiner Arbeit abzufassen. Allein ich glaubte dieses Geschäft für eine künftige Ausgabe meines Grundrisses aufbewahren zu können. Ich bemerke aber, daß ich darunter auch nur solche Retractationen meyne, wie ich glaube daß der heil. Augustin meynte. Ich glaube nämlich nicht eben Falschheiten in meinen Büchern gesagt zu haben, als vielmehr Unbestimmtheiten, weil ich selbst noch nicht bestimmt genug gegriffen hatte.

Denn vortreflicher Mann, ich glaube in ein Paar Worten, den Satz der die Seele der critischen Philosophie ist, Ihnen wenigstens so aus einander legen zu können, daß Sie gewiß sagen sollen: „Du hast eigentlich nichts Neues in deinen Schriften gelehrt; aber verstanden hast du mich vollkommen". und ich muß mich erinnern, daß ich an Sie schreibe um nicht warm zu werden, daß der gute würdige Schultz ganz unnützerweise Feuer! rufen will. Sie müssen mich selbst vernehmen.

Ich bemerke nämlich an den Categorien erstens, daß in dem Gebrauch derselben als Prädicate der Objecte, der logische Verstandesgebrauch besteht. Hiernach heist es dann ein Ding hat Grösse, hat Sachheit, ihm komt zu Substantialität, Causalität, u. s. w. Diesen logischen Verstandesgebrauch sage ich auch in den synthetischen Urtheilen a priori aus, z. B. Bey allem Wechsel der Erscheinung beharret die Substanz; Was geschieht hat eine Ursache u. s. w. Wie fällt nun die Auflösung dieser Synthesis von Begriffen aus? Ich bemerke das ursprüngliche Verstandesverfahren in der Categorie, wodurch gerade die synthetisch objective Einheit, die das ausmacht, was Sinn und Bedeutung meines Begriffs heißt, erzeugt wird. Was ist es, frage ich, was den Chemiker nöthigt bey seinem Prozeß des Verbrennens des Phosphors in atmosphärischer Luft, zu sagen daß dasjenige, um was die Phosphorblumen schwerer geworden sind, eben das ist, um was die Luft leichter geworden? Ich antworte: sein eigener Verstand, das Erfahrende in ihm, welches ursprüngliche Verstandes-Verfahren ich einem bemerkbar mache, wenn ich ihn bitte, alle Objecte im Raum aufzuheben und nach Ablauf von 50 Jahren eine Welt wieder zu setzen. Er wird gestehen daß beyde Welten zusammen fallen und keine leere Zeit abgelaufen ist, das ist, daß nur am beharrlichen er sich die Zeit selbst vorstellen könne. Hierher muß der Blick gerichtet seyn, um das Phantom des Berkleyischen Idealisms zu widerlegen. Eben so wenn ich auf das Erfahrende in mir achte, wodurch ich zu der Aussage, daß etwas geschehen ist, gelange, so bemerke ich, daß das Verursachen, das ich damit verbinde, nichts anders als das Festmachen der Synthesis von Wahrnehmungen als eine successive ist (das ursprüngliche Setzen eines Etwas, wonach, als nach einer Regel die Begebenheit folgt) dadurch also Erfahrung einer Begebenheit erzeugt wird. Überhaupt aller dieser synthetischen Urtheile a priori Auflösung fällt dahin aus, daß das Prädicat das ich in einem solchen Urtheil mit dem Subject verbinde, das ursprüngliche Verstandesverfahren ist, dadurch ich zu dem Begriff von dem Object gelange. Hiernach (in dem Bewußtseyn dieser Principien) verstehe ich mich hoffentlich richtiger in dem Urtheil: meine Vorstellung von dem Tisch der vor mir steht, richtet sich nach dem Tisch, und dieses Object afficirt mich, es bringt Empfindung in mir hervor, als jeder andere der dieses ursprünglichen Verstandesverfahrens nur in der Anwendung, aber nicht abgezogen sich bewußt ist, und da bin ich freylich überzeugt, daß die Abtheilung des Erkenntnißvermögens, in Sinnlichkeit, als das Vermögen des Subjectiven (das Vermögen von Gegenständen afficirt zu werden) und in Verstand, das Vermögen Gegenstände zu denken (dieses Subjective auf ein Object zu beziehen) mit erforderlicher Deutlichkeit allererst nach richtiger Ansicht der Categorie als eines ursprünglichen Verstandesverfahrens ausgeht.

Der Düsseldorfer Jacobi sagt in seinem David Hume betitelten Gespräch: „Ich muß gestehen, daß dieser Umstand (daß nämlich die Gegenstände Eindrücke auf die Sinne machen) mich bey dem Studio der Kantischen Philosophie nicht wenig aufgehalten hat, so daß ich verschiedene Jahre hinter einander, die Critik der reinen Vernunft immer wieder von vorne anfangen mußte, weil ich unaufhörlich darüber irre wurde, daß ich ohne jene Voraussetzung in das System nicht hineinkommen, und mit jener Voraussetzung darin nicht bleiben konnte." Wenn ich nun über diese Bedenklichkeit, welche gewiß sehr vielen wichtig ist, mein Urtheil sagen und auch bestimmen soll, was Ihre Critik eigentlich meyne, wenn sie auf der ersten Seite der Einleitung von Gegenständen spricht, welche die Sinne rühren, ob sie darunter Dinge an sich oder Erscheinungen meyne? so werde ich antworten, daß da Erscheinung das Object meiner Vorstellung ist, in welcher Bestimmungen desselben gedacht werden, die ich durch das ursprüngliche Verstandesverfahren (z. B. durch das ursprüngliche Fixiren meiner Synthesis von Wahrnehmungen, als eine successive, dadurch Erfahrung einer Begebenheit möglich wird) erhalte, so ist der Gegenstand der mich afficirt, eben daher Erscheinung und nicht Ding an sich. Meynt aber jemand von den Categorien einen absoluten Gebrauch machen zu können, sie als Prädicate der Dinge schlechthin ansehen zu können, ohne Hinsicht des ursprünglichen Verstandesverfahrens das in ihnen liegt (nach Ihrem Ausdruck: eine Anwendung von ihnen auf Objecte ohne Bedingung der Anschauung machen zu können) der ist in der Meynung die Dinge an sich zu erkennen und, wenn ich ein klein wenig auf Herrn Schultz böse seyn wollte, so würde ich gewiß mit mehrerm Fug ihm den Vorwurf machen, daß er im Besitz einer Verstandesanschauung zu seyn sich dünke, als er Recht hat, ihn mir zu machen. Das einzige was meiner Meynung nach dem Menschen vergonnt [sic] ist, ist die Beziehung der Natur überhaupt auf ein Substrat derselben, eine Beziehung, der er sich in seiner Anlage für Moralität, in dem Bewußtseyn der Bestimmbarkeit des Begehrens durch die blosse Vorstellung der Gesetzmässigkeit der Handlungen bewußt ist. Denn in diesem Bewußtseyn, (aus welchem gerade so die synthetisch-practischen Grundsätze hervorgehen, wie jene synthetisch theoretische Urtheile a priori aus dem ursprünglichen Verstandesverfahren) erhebt er sich über die Natur und setzt sich ausser ihrem Mechanism, ob er gleich als Mensch doch wieder Naturgegenstand ist, und sonach seine Moralität selbst etwas Angefangenes ist und Naturursachen voraussetzt. Der einer Zweckeinheit entsprechende fortgehende Naturmechanism stimmt ihn zu dieser Beziehung noch mehr und erhebt und stärkt die Seele des sittlich guten Menschen, ob er gleich doch nur immer auf symbolische Weise sich dieses Substrat vorzustellen weiß. Selbst der Lauf menschlicher Begebenheiten, Naturbegebenheiten, wie z. B. die Erscheinung der christlichen Religion, von der als einem Kirchenglauben man sagen kann, daß sie das Princip zu ihrer eigenen Auflösung in sich selbst trägt, Naturbegebenheiten die sichtbarlich hinzielen, den rein moralischen Glauben in unserm Geschlecht hervorzubringen — Alles dieses leitet den Verstand zu einer solchen Beziehung.

Aber ich schreibe als wollte ich Ihnen etwas Neues lehren! Verehrungswürdiger, grosser Mann, ich kann nicht ohne Entzücken diese Angelegenheiten des Menschen überdenken, und Ihnen verdanke ich es,

Sie haben mich darauf geführt. Ich befinde mich in meinen besten Jahren, und was meine Seele täglich erheitert, ist, der auf meine jetzige Einsichten in die Principien der critischen Philosophie gegründete Gedanke, einst auch nach dem Abgange des grossen Stifters derselben, diese dem Menschengeschlecht wichtige Angelegenheit kräftiglich besorgen zu können. Ihre metaphysische Principien der Rechtslehre, haben mich seit ihrer Erscheinung beschäftigt, und die Aufklärungen die ich durch diese kleine Schrift erhalten, sind sehr groß. Um so mehr thut es mir wehe, daß der gute Hofpr. Schultz meine Bemühungen in einem [*sic*] so gehässigen Licht hat stellen wollen. Mir war bey meinem Standpunct alles darum zu thun, die wahre Ansicht der Categorien als des ursprünglichen Verstandesverfahrens zu eröfnen und den nur unter dieser Bedingung gültigen empirischen Gebrauch meinem Leser unter die Augen zu stellen, und ihm die Nichtigkeit des transcendentalen Gebrauchs derselben zu zeigen. In dieser Hinsicht, da ich sonach Ihre Methode umkehrte und von den Categorien sofort anfing, nannte ich meine Arbeit Transcendentalphilosophie und theilte sie nicht ein in trans. Ästhetik und Logik. In dem ersten Abschnitt meiner Schrift handele ich von den Schwierigkeiten in den Geist der Critik zu dringen und mache darin den Sceptiker; bloß um sehr viele critische Philosophen, die wirklich den dogmatischen Schlaf schlafen, zu wecken, und um Herrn Reinhold und andern sich nennenden Elementarphilosophen zu Gemüth zu führen, daß, indem sie Ihre Critik meistern, weil sie einen Satz aus dem alle Philosophie quellen soll, ihrer Meynung nach anzugeben unterlassen habe, und von denen der eine diesen, ein anderer einen andern Satz als Thatsache des Bewußtseyns aufführt, um diesen Männern zuzurufen, daß sie nicht bemerken, daß dasjenige worauf jeder mögliche Satz, wenn er Sinn haben soll beruht, gerade von Ihnen in dem ursprünglichen Verstandesverfahren der Categorien angegeben worden. Ich zeigte den Nachsprechern Ihrer Critik, die mit Ihren Worten groß thaten, daß in ihrem Munde es mir ganz sinnlos vorkomme, wenn sie von Begriffen a priori reden, die sie doch nicht mit Leibnitz angebohrne heissen wollten, lediglich um nachher den grossen Unterschied, der zwischen Ihrer Behauptung, daß die Categorien Begriffe a priori sind und jener von angebohrnen auffallend zu machen und um zu zeigen, daß diese Categorien durchweg eigentlich das Verstandesverfahren sind, wodurch ich zu dem Begriff von einem Object gelange, dazu gelange, daß ich überhaupt sage: hier ist ein von mir verschiedener Gegenstand. Niemand kann von der Richtigkeit seiner Einsichten heller überzeugt seyn, als ich in diesem Augenblick bin. Was mir Herr Schultz Schuld giebt, davon ist mir auch niemals der Gedanke eingefallen. Nicht eingefallen ist es mir, die Sinnlichkeit weg zu exegesiren. Wie gesagt, ich konnte mein Auge nicht dem Lichte verschliessen, das ich erblickte, als ich auf den Einfall kam, von dem Standpuncte der Categorien auszugehen, und das was Sie in Ihrer transc. Aesthetik besonders abhandeln (Raum und Zeit) mit den Categorien zu verbinden. Herr Reinhold hatte Sie corrigirt, wenn Sie sagen: der Raum ist eine Anschauung a priori und dahin gemeistert, daß es nach ihm heissen soll, die Vorstellung vom Raum ist Anschauung. Ich zeige ihm, daß der Raum selbst eine reine Anschauung ist, das heißt, die ursprüngliche Verstandessynthesis worauf die objective Verbindung (ein Object hat diese oder jene Grösse) beruht. Nie in den Sinn ist es mir gekommen, zu sagen, daß der Verstand das Ding macht; ein baarer Unsinn! Wie kann Herr Schultz so unfreundlich seyn mir dieses zu Schulden kommen zu lassen. Wie gesagt, ich wollte nicht im geringsten mehr, als die Leute darauf führen, daß wir nichts objectiv verknüpfen können (urtheilen mit einem Wort, sagen: ein Ding hat diese oder jene Grösse, diese oder jene Realität, Substantialität u. s. w.) was der Verstand nicht vorher selbst verbunden hat und daß hierin die objective Beziehung liegt. Hierauf will ich jeden, wie mit der Nase darauf führen und wie sollte einer bey diesem Licht nicht sehen können! da heißt nun dieser auf mich wirkende, die Sinne rührende Gegenstand, Erscheinung und nicht Ding an sich, wovon ich lediglich den negativen Begriff aufstellen kann, als von einem Dinge dem Prädicate schlechthin (ganz abgesehen von diesem ursprünglichen Verstandesverfahren) zukommen, — eine Idee und so auch die von einem urbildlichen Verstande, die natürlich durch Entgegensetzung aus jener Eigenheit unsers Verstandes entspringen. Meine Absicht ging dahin, dem Begriff von Ding an sich den Zugang in die theoretische Philosophie zu verschliessen, auf dessen ganz eigene Art von Realität ich lediglich in dem moralischen Bewußtseyn geleitet werde. In jenem ersten Abschnitt meiner Schrift, spreche ich etwas laut, nenne auch freylich die Anschauung sinnlos. Ich nenne alle Resultate Ihrer Arbeit so, ich, der indem ich sie so nannte, der größte Bewunderer derselben war und Herr Hofprediger S. sie gewiß nicht mehr verehren konnte als ich. Auch ist er der einzige der mich so mißverstanden hat. Fast kann ich mir dieses Mißverstehen nicht anders als durch die Nachricht erklären, die mir Herr Motherbey [sic], der so gut war, mich zu besuchen, gegeben hat, daß der würdige Mann seine Frau vor einiger Zeit verlohren hat, welches Ereigniß ihm vielleicht einige Grämlichkeit zurückgelassen hat. Auch kann wohl immer etwas frommer, von seiner theologischen Denkart übrig gebliebener Eifer im Hintergrunde seyn, der gewiß wohl von wackerer Denkungsart einen Beweis ablegt, aber andern ehrlichen Leuten doch immer etwas beschwerlich fällt. Niemand hat der Sache nach, von allen Freunden der critischen Philosophie auf die Unterscheidung der Sinnlichkeit vom Verstande mehr als ich gedrungen. Ich thue es unter dem Ausdrucke: daß ein Begriff nur sofern Sinn und Bedeutung habe, sofern das ursprüngliche Verstandesverfahren in den Categorien ihm als Basis unterliegt, welches der Sache nach einerley mit Ihrer Behauptung ist, daß die Categorien lediglich auf Anschauungen Anwendung haben, welchen Ausdruck ich aber meines Gesichtpuncts wegen wählte. Eigentlich liegt aber der ganze Grund Ihres Briefes und was auf Sie Eindruck gemacht hat, in der Nachricht die Ihnen Herr Schultz giebt, daß ich auf den Titel meiner Schrift: auf Anrathen K. — gesetzt habe und er erregt die Besorgniß, daß das Publicum deswegen glauben werde, daß Sie meine vermeyntlich falsche Vorstellungsart für gültig anerkennen und so Ihre eigene Arbeit durch mich umwerfen lassen. Wirklich deswegen habe ich Ursache gegen ihn unwillig zu seyn. Die Sache verhält sich so. Da ich dem Buchhändler Hartknoch meinen Standpunct antrug, so trug ich sie ihm als eine vor sich bestehende Schrift an, die gar nichts mit dem Auszuge zu thun hatte. Er antwortete mir von Riga aus und bat mich sie mit zwey Titeln (auf der einen Seite: Standpunct ꝛc. und auf der andern:

Auszug ꝛc.) ausgehen zu lassen. Ich sahe nichts Unrechtes darin und that was er wollte, wohl aber mit der Vorsicht, daß ich nicht auf dem Titelblat des Standpuncts auf Ihr Anrathen und nur auf dem andern es setzte, weil ich dieses (was den Auszug überhaupt betraf) thun konnte. Indessen wenn ich geirrt habe, so habe ich doch nichts verbrochen und ich bin bereit die Sache bey der ersten Gelegenheit gut zu machen, nämlich zu erklären, daß der Standpunct nicht auf Ihr Anrathen geschrieben worden sey, wiewohl ich auch nicht einsehen kann, daß das Wort: Anrathen überhaupt etwas anderes sagen kann, als daß Sie mich überhaupt für einen Mann halten, der eine der Beachtung des Publicums werthe Sache produciren könne. Die Sache kann aber auf mehrere Art gut gemacht werden. Vor allen Dingen wünsche ich es nicht auf eine, denjenigen Leuten, die die critische Philosophie wie den Tod hassen, willkommene Weise zu thun, welches durch eine in die Lit. Zeitung oder in Jakobs Annalen inserirte Nachricht geschehen würde; denn bey aller Vorsicht im Ausdruck würden diese Zänkerey und Uneinigkeit wittern, welches der guten Sache schaden würde. Am beßten geschehe es in der Vorrede zu einer Schrift. Ich gehe nämlich mit einer Arbeit um, die aber künftige Ostern erst herauskommen kann. Oder, möchte sich nicht Herr Hofprediger Schultz entschliessen, selbst einen Aufsatz, der bloß die Hauptmomente des critischen Idealisms auseinandersetzte, zu verfertigen und Retractationen meiner Arbeit, von mir, als einen zweyten Theil eben dieser Schrift aufzunehmen (so wie Herr Hindenburg in der verlaufenen Michäelis [*sic*!] Messe die Schrift: Der polynomische Lehrsatz, das wichtigste Theorem der ganzen Analysis, neu dargestellt von Klügel, Kramp, Pfaff, Tetens und Hindenburg, herausgegeben hat)? Keiner dürfte die Arbeit des andern vor dem Druck gesehen haben. Ich denke eine solche von zwey Männern, mit Ernst und Wahrheitsliebe abgefaste Schrift, von denen jeder die Sache auf die ihm eigene originale Art ansieht, müßte nützlich werden. Ich will doch nicht hoffen, daß der gute Mann diesen Vorschlag übel aufnehmen werde. Denn vor 10 Jahren war ich freylich sein Schüler, bin aber jetzt selbst ein Mann, habe auch in dem besondern wissenschaftlichen Gebiet, das er betreibt, nach vielen Richtungen hin mich umgesehen und glaube der Achtung meiner Mitmenschen nicht unwerth zu seyn. Wenn Sie in wenig Worten mir Ihre Meynung mittheilen wollten, so würde mir das sehr angenehm seyn.

So wie ich Ihren Brief erhielt, theilte ich ihn meinem würdigen Freunde dem Prof. Tieftrunk mit. Er hatte den Einfall daß es gut wäre, wenn Sie auch die Art, wie ein Anderer meine Bemühung im Standpunct aufnehme, sich sagen liessen und ich dankte ihm für sein freundschaftliches Anerbieten, dieserwegen an Sie zu schreiben.

Und nun, mein ewig verehrungswürdiger Lehrer, mir müssen Sie dieser Geschichte wegen, Ihr Wohlwollen nicht entziehen. Wahrlich das würde mich kränken, der ich für die Sache der Philosophie zu leben wünsche. Ich denke daß in diesen Angelegenheiten man ruhig jeden, von dem man sieht, daß er es bieder meynt, seinen Weg gehen lassen müsse. Mit der innigsten Hochachtung bin ich ganz

der Ihrige

Beck.

Von Herrn Schlettweins Existenz weiß ich gar nichts mehr, als daß mir ahndet, daß ein Journal unter seinem Namen da sey. Was Sie in der Lit. Z. ihn betreffendes haben einsetzen lassen, habe ich noch nicht gelesen. Daß dieser Rotomontadenmacher [sic!] Sie veranlassen könnte, etwas mich betreffendes, das mich in den Augen des Publicums lädiren könnte, darin zu sagen, darf ich nicht einmahl vermuthen, ohne Ihnen dadurch zu misfallen.

Ich kann mich nicht überreden daß Herr Prof. Pörschke, meine Darstellung des Geistes der critischen Philosophie, ihrem wahren Geiste so entgegen, wie Herr Hofpr. Schultz halten sollte. Wie wenn dieser brave Mann sein Urtheil Ihnen darüber sagen möchte. Ich habe hier auch meinem Freunde Rath Ihren Brief mitgetheilt. Dieser sehr einsehende Mann, der, ob er gleich nichts geschrieben hat, doch viel Gutes schreiben könnte und der mir immer seine Zufriedenheit mit meiner Darstellung gestanden hat, erstaunte wie es möglich sey, so sonderbar meine Behauptungen auszulegen, wie es Herr Hofprediger S. gethan hat. Auf jeden Fall, Hochachtungswürdiger Mann, können Sie versichert seyn, (auch auf den Fall daß Sie auf diesen Brief nicht antworten sollten,) daß ich bey der ersten Gelegenheit, die ich haben werde von critischer Philosophie zum Publicum zu sprechen, sagen werde, daß Sie gar keinen Antheil weder an meinem Standpunct, noch am Grundriß haben. Ich werde mich so erklären, daß Sie und jedermann vollkommen mit mir zufrieden seyn sollen, und darauf haben Sie meine Hand! Geständnisse aber eines Versehens in der Sache, die kann ich nicht thun, weil niemand von seiner Einsicht überzeugter ist, als ich.

## XVI.
### Beck an Kant.

Halle den 24$^{\text{ten}}$ Juny 1797.

Hochachtungswürdiger Mann,

Als ich schon meinen, verlaufenen 20$^{\text{ten}}$ an Sie gerichteten Brief auf die Post gebracht hatte, nahm ich den Ihrigen noch einmahl in die Hände. Indem ich nun bey dem Anfange desselben, und bey einigem was Herr Hofprediger Schulz mich sagen läst, etwas verweilte, wurde mir die eigentliche Veranlassung sowohl zu Ihrem Briefe, als auch zu dem Unwillen dieses würdigen Mannes etwas begreiflicher, und da ich nun die Sache in einem etwas andern Lichte ansah, faste ich den Entschluß, mit der heutigen Post noch dasjenige nachzuhohlen, was mir jetzt noch nöthig scheint, Ihnen zu sagen.

Sie geben nämlich die Veranlassung zu Ihrem Briefe mit den Worten an: daß er die schnelle und öffentliche Beylegung der Mishelligkeit critischer Principien vom obersten Rang betreffe. Aus diesem nun, und aus den Bemerkungen des Herrn Hofprediger, da er mich z. B. sagen läst: „Realität ist die ursprüngliche Synthesis des Gleichartigen der Empfindung, die vom Ganzen zu den Theilen geht (wobey wahrscheinlich Sie es sind der mich, und zwar mit allem Recht frägt: „Was hier Empfindung bedeuten mag, wenn es keine Sinnlichkeit giebt, sehe ich nicht wohl ein." Gewiß, vortreflicher Mann, wenn mir so etwas jemals in den Sinn gekommen wäre, müßte ich dieses Unsinns wegen mich selbst anfeinden); daß der Verstand die Objecte erzeugt." schliesse ich, daß Sie mit Herrn Schultz über das sonderbare Zeug des Herrn Fichte sich unterhalten haben müssen, indem mir diese Ausdrücke gänzlich Fichtisch klingen. Hierauf kann ich nun nicht anders, als noch Folgendes erinnern und einen Vorschlag thun, der mir durch den Kopf geht.

Ich versichere Sie, sowahr ich ein ehrlicher Mann bin, daß ich unendlich weit, von diesem Fichteschen Unsinn mich entfernt befinde. Ich hielt es bloß vor nöthig, auf die Ansicht der Categorien, als eines ursprünglichen Verstandesverfahrens, wohin ihre ganze Deduction, als Beantwortung der Frage: wie sind sie auf Erscheinungen anwendbar, gerichtet ist, die Augen der philosophirenden Männer zu lenken, weil ich mich versichert hielt, daß ihre Mishelligkeiten verschwinden müßten, wenn sie das träfen, daß der Verstand nichts objectiv verknüpfen könnte, was er nicht vorher ursprünglich verbunden hat. Wenn ich nun allerdings sage, daß die Categorie Realität die Synthesis der Empfindung ist, die vom Ganzen zu den Theilen (durch Remission) geht, so kann doch vernünftigerweise meine Meynung keine andere seyn, als daß die Sachheit eines Dinges, (das Reale der Erscheinung die mich afficirt, und diese Empfindung in mir hervorbringt) allemahl eine Grösse (intensive) ist, daß eben daher eine absolute Sachheit (die nämlich keine Grösse wäre, wie nach Cartesii Meynung, daß die Materie durch ihre blosse Existenz einen Raum erfüllt) nichts bedeutet. Dieses ursprüngliche Verstandesverfahren in der Categorie Realität, fällt mit dem in den Categorien der Existenz zusammen, vermöge dessen ich eben aus mir selbst herausgehe, und sage: hier ist ein Object das mich afficirt; aber der Transcendentalphilosoph muß diese verschiedene Seiten des Verstandes von einander scheiden. Ich fand für nöthig, auf jede Categorie besonders, das Auge des Lesers zu lenken. Wenn mich einer frägt: „wenn du nun dich selbst in Gedanken aufhebst, dann hebst du ja auch wohl alle Dinge ausser dir zugleich auf?" so werde ich doch nicht verrückt seyn, solch dummes Zeug zu bejahen. Hebe ich mich in Gedanken auf, so betrachte ich mich ja eben unter Zeitbedingungen, welchen Ablauf der Zeit ich mir selbst nur am Beharrlichen vorstellen kann. Absehen von diesem ursprünglichen Verstandesverfahren, ist doch nicht mit Aufheben meiner Selbst einerley. Ja wohl, werde ich sagen, wenn ich von der ursprünglichen Synthesis, der ich mir im Ziehen einer Linie bewußt bin, wegsehe, denn vergeht mir freylich aller Sinn von extensiver Grösse, die ich einem Object beylege, weshalb eben das Object meiner Vorstellung, Erscheinung und nicht Ding an sich heißt. Gewiß, vortreflicher Mann, wenn Sie mir die Ehre erweisen, und ein wenig nur selbst auf diese meine Methode von dem Standpunct der Categorien abwärts zu gehen, so wie Sie in Ihrem unsterblichen Werk aufwärts gehen, aufmerksam seyn wollten, so würden Sie die Thunlichkeit derselben bemerken. Man muß nur innig mit dem ganzen Gegenstand vertraut seyn, so kann man besonders im Lehrvortrage, mit vieler Leichtigkeit, mit den wahren critischen Principien, jeden der Interesse und etwas Talent hat, auf diesem Wege bekannt machen. Herr Hofprediger Schultz, den ich immer sehr liebe, seine Kenntnisse achte und seiner Redlichkeit wegen hochschätze, hat mich wirklich nicht gut vernommen und ich bin betrübt, daß der biedere Mann im Stande ist, mich solcher unsinnigen Behauptungen, wie die ist, daß der Verstand das Ding macht, fähig zu glauben, deren er mich wohl nicht fähig hielt, als er mich als seinen aufmerksamen Schüler in der Mathematik lieb hatte.

Aber ich weiß es, daß Herr Fichte, der, wie es scheint, Anhänger sucht, von mir sagt, daß ich mit ihm mich auf einerley Weg befinde, so sehr ich auch in einer Recension in Herrn Jakobs Annalen, ja auch in meinem Standpunct das Gegentheil gesagt habe. Da ich ihn in Jena verlaufene Osterferien besuchte, so wollte er mich wirklich auf diese Art berücken. Ein Gespräch mit mir fing er wirklich damit an: „Ich weiß es, Sie sind meiner Meynung, daß der Verstand das Ding macht." — Er sagte mir manche närrische Sachen und vieleicht ist er noch, da ich meinen Mann bald durchsah, von niemanden durch freundliche Antworten so verlegen gemacht worden als durch mich. Was ich nun noch sagen will ist Folgendes. Fichte sagte mir, daß er in seinem neuen Journal, worin er seine Wissenschaftslehre neu bearbeitet hat, und unter andern nur eine Philosophie und keinen Unterschied zwischen theoretischer und Moralphilosophie annimmt, weil überall der Verstand, durch seine absolute Freyheit die Dinge setzt (ein dummes Zeug! wer so reden kann, kann wohl niemals die critischen Principien beherzigt haben) und daß er darin viel von meinem Standpunct spreche. Ich habe nun wohl diese Sachen noch nicht in Händen gehabt, aber ich bin vorher versichert, daraus ganz leicht eine Veranlassung nehmen zu können, mich etwa in Jakobs Annalen zu erklären, daß **erstens** meine Meynung gar nicht mit der seinigen zusammenstimme, daß ich **zweytens** glaube die Critik richtig exponirt zu haben, und **daher** von ihrem Sinn nicht abzuweichen glaube, weil mir nichts so angelegentlich ist, als Sinnlichkeit (das Vermögen von Gegenständen afficirt zu werden) vom Verstande (das Vermögen sie zu denken, dieses Subjective auf Objecte zu beziehen) zu unterscheiden, daß aber **drittens**, ich durch das **zweyte** garnicht gesonnen bin, den Stifter der critischen Philosophie im Geringsten zu compromittiren indem der Standpunct gänzlich **meine eigene Idee** ist, und ja, da Ihre Werke am Tage liegen, jedermann mit eigenen Augen vergleichen und ein eigenes Urtheil haben kann. Den Fichte selbst will ich mir wohl nicht auf den Hals laden, und werde daher ganz glimpflich, was ihn betrift, sprechen. Aber in Ansehung des zweyten Puncts will ich mich umständlich auslassen, und das berichtigen, was fehlerhaft von mir im Standpunct ist gesagt worden. Geben Sie hierzu Ihre Beystimmung? Ehe ich diese erhalte, möchte ich nicht gern was thun. Nur auf mich, Hochachtungswürdiger Mann, lenken Sie keinen Unwillen. Ich finde meinen Beruf in wissenschaftlichen Arbeiten, und wie müßte, bey dieser Abgezogenheit, mir der Gedanke wehe thun, in Ihren Augen gesunken zu seyn.

Der Ihrige
Beck.

## XVII.[21])
### Beck an Kant.
Halle den 9$^{\text{ten}}$ September 1797.

Hochachtungswürdiger Mann,

In Ihrem Briefe an Herrn Prof. Tieftrunk, den er die Güte gehabt, mir mitzutheilen, schreiben Sie, daß es Ihnen nicht nöthig zu seyn dünke, andere mit den Mishelligkeiten bekannt zu machen, welche

---

[21]) Die Originale von XVII. und XVIII. auf der Königsberger Königl. und Universitäts-Bibliothek „Briefe an Kant" No. II u. III.

zwischen meiner Darstellung der critischen Philosophie und dieser selbst schweben möchten. Es betrübt mich, daß Sie das Daseyn dieser Misheligkeiten hierin zuzugeben scheinen. Wäre es möglich persönlich über diesen Gegenstand mich mit Ihnen zu unterhalten, so ist meine Gewisheit, Sie vom Gegentheil zu überzeugen so groß, daß ich ohne Bedenken, alles was ich besitze, dabey aufs Spiel zu setzen bereit seyn würde. Was Herrn Schultz betrift, so ist mein Herz von aller Bitterkeit gegen ihn frey, und ich wünsche mir Gelegenheit, ihm dieses durch die That zu beweisen. Wenn er sich an meine Stelle setzen möchte, so würde er das Beleidigende das in seinem Vorwurf liegt, der einmahl nichts Geringeres als Unterschiebung einer unredlichen Absicht enthält, und wodurch er zweytens mich mit den neuen philosophischen Irrlichtern in eine Classe setzt, wohl selbst bemerken. Aber an sich selbst liegt diesem Betragen Achtung für Sie und Interesse für die Philosophie zum Grunde, und in diesen Stücken kann niemand einverstandener mit ihm seyn, als ich es bin.

Künftige Ostern werde ich wahrscheinlich meinen Auffenthalt nach Leipzig verlegen. Ich werde von meinen Leipziger Freunden dazu ermuntert, weil mir als einem Preussischen Landeskinde Aussichten auf die für Preussen bestimmte Collegiatur offen und ihrer Wahrscheinlichkeit und Beträchtlichkeit wegen nicht in den Wind zu schlagen sind. Wenn ich dann kein mathematisches Thema zu meiner Disputation wählen sollte, so hätte ich fast Lust, in einer philosophischen Arbeit das Fehlerhafte meiner bisherigen Darstellungen auszubessern. Geschieht dieses aber auch nicht bey dieser Gelegenheit, so werde ich dazu eine andere benutzen. Herrn Hofprediger Schultz bitte ich bey Gelegenheit meiner Hochachtung zu versichern, der ich mit der größten Hochachtung bin                                    Der Ihrige
                                                                        Beck.

## XVIII.
### Beck an Kant.

Halle den 6ten October 1797.

Herr Raupach, der vor 2 Jahren meine Vorlesungen besuchte und den ich als einen braven und geschickten jungen Mann kenne, schreibt mir von Liegnitz aus, wo er sich jetzt als Hofmeister aufhält, daß er in Kurzem nach Liefland, als Erzieher in das Haus des Herrn von Rennekamp gehen werde und bittet mich ihm einen Brief an Sie, verehrungswürdiger Mann, mitzugeben, als einen Titel, meynt er, Sie besuchen und seine Hochachtung Ihnen bezeigen zu dürfen. Wenn er Zeit und Gelegenheit haben sollte, Ihnen bekannter zu werden, so hoffe ich, daß er schon selbst sich vortheilhaft empfehlen, und meiner Empfehlung nicht weiter bedürfen werde. Ich möchte ihn des Glücks, das er jetzt erfährt, sich persönlich mit Ihnen zu unterhalten, beneiden. Ihr freundschaftliches Wohlwollen ist mir über alles werth; erhalten Sie es mir Ihrem ewig ergebenen Beck.

*Adresse mit Siegel:*
An Herrn Professor Kant
in
Königsberg.

# Bitte!

**Eine Ausgabe von Immanuel Kant's Briefwechsel** wird seit langem von dem Bibliothekar an der Königsberger Königl. und Universitäts-Bibliothek Herrn Dr. R. Reicke in Gemeinschaft mit Oberlehrer Fr. Sintenis in Dorpat vorbereitet. Um aber eine wirklich möglichst vollständige Sammlung herausgeben zu können, ist eine theilweise Mithülfe weiterer Kreise durchaus erforderlich. Es ergeht daher an alle Besitzer von Briefen von oder an Kant die dringende Bitte, dieselben zur Kenntnissnahme an Herrn Dr. R. Reicke in Königsberg direct oder durch Vermittlung der unterzeichneten Verlagsbuchhandlung einzusenden. Auch die kleinste Notiz ist willkommen, ebenso Briefe von Kant's Zeitgenossen, in denen seiner erwähnt wird, da durch dieselben leicht sonst unerklärbare anderweitige Briefstellen aufgeklärt, die Chronologie, Absender oder Empfänger festgestellt werden können. Was in der Hand des Einzelnen zusammenhanglos, unbedeutend erscheint, ist im Vergleich mit anderem vorhandenen Material häufig von unschätzbarem Werth. Bei der allgemeinen Verehrung, welche noch heute dem bahnbrechenden Geiste des Königsberger Philosophen mit Recht gezollt wird, darf wol die vorstehende Bitte eines allseitig bereiten Entgegenkommens gewärtig sein.

Hamburg, im September 1885.

**Leopold Voss** Verlagsbuchhandlung
Hamburg und Leipzig.

Gedruckt in der Albert Rosbach'schen Buchdruckerei in Königsberg.